住田正樹・武内　清・永井聖二 監修

子ども社会シリーズ

5

子どもの「問題」行動

武内　清 編

学文社

■執筆者■

＊武内　　清	上智大学	（第1章）
小針　　誠	同志社女子大学	（第2章）
腰越　　滋	東京学芸大学	（第3章）
滝　　　充	国立教育政策研究所	（第4章）
浜島　幸司	新潟大学	（第5章）
岡崎　友典	放送大学	（第6章）
石飛　和彦	天理大学	（第7章）
渡部　　真	横浜国立大学	（第8章）
谷田川ルミ	上智大学大学院	（第9章）
大野　道夫	大正大学	（第10章）
佐野　秀行	大阪人間科学大学	（第11章）
山本　雄二	関西大学	（第12章）

（執筆順／＊は編者）

子ども社会シリーズ
刊行によせて

　今，子どもをどのように理解し，どのように対応していけばよいのか，非常に難しくなっています。子どもが変わったとよく言われますが，では，子どもがどのように変わったのか，そして何故変わったのかと言いますと，まだ何もわかってはおりません。

　子どもが変わったというとき，その変わったという方向は大人から見て是認できるようなものではありません。むしろ子どもの将来，さらには将来の社会を憂えるような芳しからぬ方向です。

　今の子どもの考え方や態度，行動に大人は不安と戸惑いを感じ，ときには狼狽えてさえいます。子どもの態度や言動が大人の理解の域をはるかに越え，そのために子どもを理解できず，確信をもって対処できないのです。

　今の子どもは，かつてとは異なり，家庭・学校・地域を越えたところからの影響を強く受けるようになっています。しかしそれにもかかわらず，子どもの問題の解決や対処となると依然として家庭・学校・地域に任されているところに問題があります。今日では，子どもの問題は，家庭・学校・地域の対応はもちろんのこと，さらに枠を広げて社会で対応するという視点が必要になってきています。

　本シリーズでは，子どもの問題を6つのテーマに分け，それぞれのテーマごとに現代の子どもの問題を分かりやすく解説しています。本シリーズによって親や教師をはじめ，広く市民の方々が子どもの問題への関心をさらに高めていく機会になればと思っています。

　2010年3月

住田　正樹
武内　清
永井　聖二

まえがき

　子どもが日々生活を送る場は，家庭，学校，地域社会，消費・メディア社会と，多岐にわたっている。子どもが生活する集団や社会には，従うべき慣習や規則があり，さらには子どもに期待される目標がある。

　しかし，子どもは無知であったり，慣習や規則を知っていても無視したり反抗したりで，大人の期待通りの行動をとらない場合がある。それが，子どもの「問題」行動，あるいは「子ども問題」である。

　人には学ぶべき時に学ばなければいけないという適時性があり，発達・成長途中に学ばないと，後に影響し取り返しのつかない場合がある。子ども時代にきちんとしたしつけや教育がなされないと，子どもの生活が乱れたり非行に走ったりする。子どもの問題行動の原因は，しつけや教育の欠如に起因すると考えることができる。

　一方，社会は大きく変貌しており，一時代前の規則や道徳が今の時代に有効かどうか疑わしい場合もある。社会の変化をいち早くキャッチした子どもの感覚が，時代の流れを読み，新しい規範や文化をつくる契機になる場合もある。

　このように考えると，大人の目からは問題と見える子どもの行動は，社会の発展からみると問題ではなく，大人の見方や既存の規則や規範こそ問題であるとの見方もできる。子どもの「問題」行動は，さまざまな視点から，具体的な場面で，検証されるべきであろう。

　本巻では，子どもの学力問題，校内暴力・学級崩壊，いじめ，少年非行・犯罪，居場所，子ども集団，ジェンダー，サブカルチャー，情報行動といった分野を取り上げ，そこでの子どもと大人の社会や文化との葛藤，そしてそこから生まれる子どもの「問題」行動を考察する。それは，実践的な問題であると同時に，理論的な検討も必要な分野である。現代の子どもの何が問題なのかをその社会的な背景や人々の見方も再検討しながら，一緒に考えていきたい。

　2010年3月

第5巻編者　武内　清

目　次

子ども社会シリーズ　刊行によせて　　i
まえがき　　iii

第1章　子どもの「問題」行動・概説　　1
1　はじめに　　1
2　子どもの時代的変化　　2
3　学校のなかでの子どもの「問題」行動　　5
4　現代の子どもの特質と教育　　12

第2章　子どもの学力問題　　18
1　はじめに　　18
2　学力とは何か　　19
3　PISAショック―学力ナショナリズムの陥穽―　　23
4　学力低下・格差の検証　　24
5　学習済みの内容がなぜ身につかないのか
　　　　　　―勉強離れと格差社会の因果関係―　　26
6　新しい学力観としての「総合的な学習の時間」　　28
7　まとめ　　29

第3章　校内暴力，学級崩壊　　32
1　問題提起と概要　　32
2　校内暴力から学級・学校崩壊へ―「荒れ」の構造変容を巡って―　　33
3　学級崩壊の新局面―「荒れ」の背後に潜む問題―　　40
4　学校の新たな機能模索に向けて―まとめと提言に代えて―　　45

第4章　学校におけるいじめ　　51
1　いじめとは何か　　51
2　いじめの実証研究の試みと，そこからわかったこと　　53
3　実証的研究が示唆するもの　　61

第5章　少年犯罪，非行　　65
1　はじめに：昨今の少年犯罪報道　　65
2　犯罪とは何か　　66

3 少年による犯罪，非行　67
     4 子どもへのまなざしの変容　73
     5 おわりに　76

第6章　子どもの居場所の喪失と地域社会･････････････････････79
     1 地域社会の変容と居場所の喪失　79
     2 地域社会とは―社会的条件に規定された地域教育環境―　82
     3 都市問題の発生　86
     4 地域の教育力とは―子どもの居場所―　89

第7章　子ども「問題行動」のエスノグラフィー･･････････････94
     1 はじめに　94
     2 状況のなかに埋め込まれている「見ること」
　　　　　　―エスノメソドロジーと状況論―　95
     3 ふたつの記述―「問題行動を見ること」の組織的基盤―　100
     4 おわりに―「見ること」をめぐる組織のエスノグラフィー―　105

第8章　子ども集団のメカニズムと問題行動
　　　　　―谷崎潤一郎「小さな王国」を題材に―･･････････････108
     1 はじめに　108
     2 「小さな王国」のメカニズム　109
     3 子ども集団の問題行動　114

第9章　ジェンダーと子ども問題
　　　　　―女の子の生きづらさ，男の子の生きづらさ―･･･････123
     1 はじめに　123
     2 「子ども」とジェンダー　124
     3 子どもたちの「ジェンダー規範」体得のプロセス　127
     4 女の子の生きづらさ，男の子の生きづらさ　131
     5 おわりに―これからの社会における子どもとジェンダーの問題―　134

第10章　サブカルチャーにみる「問題」行動
　　　　　―心理歴史的分析をもちいて―･･････････････････････137
     1 はじめに　137
     2 サブカルチャーにみられる「問題」行動　138
     3 サブカルチャーへの心理歴史的分析　145
     4 おわりにかえて―疑似体験の場としてのサブカルチャー―　149

第11章 「情報化」と子どもの「問題」
──情報，子ども，問題はどのように結びつくのか？── … 151
  1 はじめに　151
  2 情報と子ども　152
  3 子どもと情報の問題　155
  4 おわりに　160

第12章　子ども問題と語りの地平 … 163
  1 はじめに　163
  2 子ども問題と問題行動　164
  3 霊的存在としての文化と人間　167
  4 霊魂とは何か　169
  5 子ども問題と語りの地平　173

索　引　179

第1章 子どもの「問題」行動・概説

武内　清

1　はじめに

　子どもの「問題」行動に対する見方には，子どもに問題があるとするものと，子どもを問題と見る視点（レッテル）が先にあるとするという2つの立場がある（北澤，2006）。

　第一の立場は，子どもに問題があると考える。たとえば，かつての大人が子ども時代に実行していたことを今の子どもはしていない。受験勉強，読書，高い意欲，我慢強さ，親切，異年齢集団，外遊び，礼儀作法の欠如など。このような子どもの問題は，早く手を打って解決しなくては，日本の将来が危ないと考える。

　第二の立場は，子どもを問題ととらえる大人の視点やレッテルが先にあり，その視点ゆえに子どもが問題とされるのであり，子どもに問題があるわけではないと考える。社会的規範から逸脱した行為に対して，社会からの取締を厳しくすれば，摘発される子どもは多くなるが，子どもの問題行動が多くなっているわけではない。かえって，子どもの行動より，子どもに対する大人の見方や処遇に問題があるとするものである。

　現代の子どもの「問題」行動は，どちらの立場でみた方が，現実に適合的で，説得力があるのであろうか 。本巻では，子どもの関係するさまざまな場面で，子どもの問題とされる行動を取り上げ考察する。その適合性，説得力は，場面場面で検証されるであろう。また子どもをみる見方に再考を迫られる場合もあ

ろう。

　取りあげるテーマは，以下のようなものである。

　「2章，子どもの学力問題」「3章，校内暴力，学級崩壊」「4章，いじめ」「5章，少年犯罪，非行」「6章，子どもの居場所の喪失と地域社会」「7章，子ども「問題行動」のエスノグラフィー」「8章，子どもの集団のメカニズムと問題行動」「9章，ジェンダーと子ども問題」「10章，サブカルチャーにみる「問題」行動」「11章，情報化と子どもの「問題」」「12章，子ども問題と語りの地平」である。

　各章の考察に入る前に，本章では，子どもの「問題」行動の概要を，筆者なりの視点でまとめておきたい。

２　子どもの時代的変化

(1) 社会の変化と子どもの変化

　諏訪哲二（1999）は，「農業社会的」「工業社会的」「消費社会的」の3つの時代を区分する。今の大人が「農業社会的」「工業社会的」社会のなかで育ち，その規範や価値観を身につけて，今の子どもに対峙する。今の子どもは「消費社会的」時代に育ち，「自己」の快または不快という基準で生き，「自己」の利益，欲望，感性が，「外部」の規律や規制よりずっと優先する。法律や道徳や校則などの規制的な力を内面化することは少ない。自分のしたいことをする，自分の気持ちに忠実に行動することが誠実な生き方と考えている。このように，大人と子どもの育ってきた時代は違いその時代の影響をそれぞれ受け，自ずと大人と子どもの行動様式や価値観が違っていると説明する。

　1990年代初頭に出されたプロ教師の会編の『子どもが変だ！』（1991年）には，忘れものの嵐，だらしのない朝会，落ち着きのない授業，わがままな給食，ごみ箱のような教室，いじめ地獄，「寝たきり老人」型の登校拒否，人間関係の希薄化などが指摘されている。

　中学教師の河上亮一は『学校崩壊』いう本を1999年に出し，この十数年で生徒たちは，ごく基本的な生活行動ができなくなった，意志の疎通が困難になった，

学校行事が成り立たない,万引きにも悪びれない,いじめに耐えらない,すぐ傷つく等の特質をあげている。

一方,消費社会の自己中心主義の子どもが現代の特質としながらも,「新まじめ主義」の台頭を見る見方もある。千石保(2001)は,次のようにいう。

「これまでの「ワガママ」「奇抜」の若者文化を残しながらも,そこから一歩抜け出した新しい自己主張」(がみられる)。「自己決定主義が浸透する中で,ボランティアや国のための貢献,親の介護にも積極的に取り組もうとする若者層は確実に増えてきている」「芯の強い「やさしさ」であり,自分の心から出た「自己決定」である。「新まじめ主義」といえるのではないか」(千石,2001,p.218)

自分の好きなことを大事にしながら,それが他者へのやさしさやボランティア活動に繋がっていく青少年の傾向がみられるという。

(2) 青少年の犯罪傾向

青少年が殺人などの凶悪犯罪を犯した時の驚きは大きく,現代の青少年たちの共通に抱える「心の闇」がマスコミで盛んに取り上げられる。

しかし,事件を起こした少数の青少年の特性が大多数のなかにも存在するかどうかはわからない。多数の青少年の傾向は,それを端的に示す犯罪統計をみた方がよい。

3章の図3-2(p.36)に示されているように,最近の刑法犯で検挙される青少年(14歳-19歳)の数や人口比は,昭和58(1983)年の第三のピークに比べかなり低くなっている。

また,平成20年度で種別にみると,万引きなどの窃盗犯が一番多く(57.8%),次いで放置自転車の無断使用などが多い。傷害などの粗暴犯は9.5%で,殺人,強盗などの凶悪犯は1.1%と少ない。

万引きや自転車盗を軽微な犯行とみるか,大きな犯罪の初期の兆候とみるかで,青少年の犯罪への見方は分かれる。前者の見方でいえば,青年期の出来心や仲間に誘われてやった軽い犯罪は一過性のものである。それに軽微な犯罪は取締如何で検挙数は変わってくるといえる。それに対して後者の見方でいえば,青

年期の小さな犯罪こそ大人になってからの大きな犯罪に結びつくと考えられる。

(3) 子どもの勉強時間の変化

　子どもの数の減少，受験競争の緩和，ゆとり教育の浸透などに伴って，子どもたちの学校外の勉強時間は，2000年初頭まで減少してきた。

　NHKの調査でみると，日本の中学生の勉強時間は，1982年113分→1987年100分→1992年105分→2002年73分と減少し，高校生の勉強時間も1982年99分→1987年81分→1992年79分→2002年55分と減少している（NHK放送文化研究所，2003）。

　「東京都子ども基本調査」のデータでみると，1983年から1998年の15年間で，中学２年生の平日の生活時間では，「テレビ視聴時間」が97.7分から106.9分へ9.2分増えている。逆に「家での勉強時間」が53.6分から42.5分へ11.1分減少している。どの成績層でもこの間「家での勉強時間」は減少し，成績による勉強時間の差はそのまま維持されている（東京都生活文化局，1999）。

　東京とソウルの中学生の生活を比較した2003年のデータでは，「テレビ視聴」が１時間未満の割合は東京13.4％，ソウル36.1％，２時間以上の割合は，東京61.5％，ソウル36.5％，と東京の中学生の方が長時間テレビを見ている。家庭学習時間が２時間以上の割合は東京24.8％，ソウル38.4％，とソウルの中学生の方が長時間勉強している。2000年代最初で，東京の中学生はのんびりと毎日を送り，ソウルの中学生は勉強を意識した生活を過ごしている様子がうかがえる（深谷昌志，2003）。

　しかし，いわゆる学力低下論争や国際学力調査での日本の子どもの成績不振などを受けて，文部科学省の方針もゆとり教育から学力重視に傾き，最近子どもたちの勉強時間に回復の傾向がみられるようになっている。Benesse教育研究開発センターの調査によれば，家庭学習時間は，小学生で90年87.2分→96年77.9分→01年71.5分→06年81.5％と最近上昇し，中学生では90年96.62分→96年90.09分→01年80.3分→06年87.0分と06年で高くなっている（Benesse教育研究開発センター，2008，p.15）。

　このように，ゆとり教育以降テレビを見てのんびり過ごすことが多かった子

どもたちが，最近の学力重視への転換以降，勉強時間を増やしつつある。国の教育方針が変われば，子どもの生活も変わるといえよう。

(4) 情報・メディアと子ども

現代の情報化社会のなかにあっては，社会のさまざまな情報・メディアのなかで，子どもたちが浮遊するようになっている。メディアのなかで浮遊する青少年の典型は1980年代中頃の新人類である。新人類はメディア駆使能力が卓越し，高い消費性を有し，既存の価値を乗り越える存在とされた。新人類は，楽しくないことには興味を寄せないが，関心をもったもの，「感性」にかなったものに対しては，さまざまなメディアを駆使して，高感度に情報を収集，利用していく「主体性」を備えた存在として描かれた（小谷，1998）。

インターネットの発達，ケイタイ（携帯電話）の普及はめざましものがある。またマンガやアニメの人気も衰えていない。それらの影響を子どもたちは大きく受けている。

本巻でも10章，11章で，子どもに関わる情報・メディアの実態と子どもの「問題」を考察する。

3 学校のなかでの子どもの「問題」行動

(1) いじめと学級，子ども

学校におけるいじめは，集団的な現象であり，子どもの教育が集団の場で行われる以上，絶滅することは難しいであろう。いじめに対しては，病原菌に対する抵抗力をつけるように，個人が強くなることも必要である。しかしその原因を探り，いじめを撲滅する努力は必要である。いじめに関しては，4章で詳しく論じられているが，いくつかのポイントを指摘しておこう。

第一に，いじめは，いじめの被害者の苦痛をもって定義される。したがっていじめの被害者が苦痛と感じればすべていじめと認定される。これは加害者の言い逃れを許さない定義である。しかし心理的な定義の為，判定が難しく，曖昧なものにならざるを得ない。

第二に，いじめは「加害者」「被害者」だけでなく，「観衆」（おもしろがって囃し立てている人），「傍観者」（見て見ぬ振りをしている人）の四層構造からなる（森田・清永，1986）。学級における「観衆」「傍観者」の割合が，いじめの成り行きを左右する。「加害者」の責任は第一に追及されねばならないが，学級のメンバーすべてがこの四層のどこかに属するので，いじめの当事者となり，責任逃れはできない。

　第三に，学級にはいじめられっ子の「標的の座」が用意され，誰かがそこに座らなければならないような構造になっている（芹沢，1996）。いじめられっ子が転校し，いなくなると，替わりに誰かがそこに座らなくてはならない。このような学級の特質は変えられねばならない。

　第四に，いじめの起りやすい集団の特質というものがある。それは，第一に親密でも疎遠でもない「中間的関係」。第二に出入りが自由でない「閉鎖的集団」（松本，1987）。この2つの特質に，学級はよく適合し，いじめが起りやすい。この2つの特質を変えることは，いじめを起りにくくすることになる。つまり，学級での人間関係を親密にする，ティームティーチングの導入など開放的な学級にする必要がある。

　第五に，いじめの被害者が，自分がいじめられていることを，自殺をもってしか証明できないような「いじめ言説」（山本，1996）は，改められなければならない。

　このように，子どもの身近なところで起こり，子どもを自殺まで追い込む深刻ないじめに対して，その原因を探り，それを取り除く努力は，いつの時代もしなくてはならない。

(2) 学級崩壊

　学級崩壊とまでいかなくても，授業中に子どものおしゃべりが多かったり，立ち歩きがあったり，指名しても無返答であったり，授業がスムーズにすすまない経験を多くの教師はしている。

　学級崩壊という言葉は90年代末に，最初にマスコミが使い，一般化した。朝日新聞社会部（2001, p.231）は次のように書いている。「学級崩壊が，個人の

力量を超えた，根深い要因も絡んで起きているとの見方が広がり，一方では，メディアが外側から揺さぶった結果，ようやく姿を現してきた。メディアの報道によって問題が明るみに出て，後追いの形で行政が動く」。そして，学級崩壊を次のような現象としてとらえている。「授業中，子どもたちが勝手に立ち歩く，テスト用紙を破る，席が離れた同士で大声で会話する，取っ組み合いのけんかを始める。"静かにしなさい！"という教師の制止の声は空回りするばかり」。

　学級経営研究会（1999）は，学級崩壊という言葉を使わず，「学級がうまく機能しない状態にあるとした件数」を調査対象にしている。学級は「もともと形あるものではなく，葛藤や摩擦があって当然」としている。

　深谷昌志ら（1999）の小中学校の教師に対する調査では，「先生の言うことを聞かず，授業が成立しない状態」（学級の荒れ）の学級は小学校で8％，中学校で14％と示されている。このように「学級崩壊」や学級の荒れは少ないが，「授業や学級経営が何となくうまくいかない状態」（学級の崩れ）や「子どもと担任の先生との気持ちが離れてしまった状態」（学級の乱れ）は広範に広がっているとしている。

　授業がスムーズにすすまないのは，子どもの側に「問題」があるせいだと，教師たちは考えている。小中学校の教師に，「現在教えている子どもについて，次のように感じることがありますか」と聞いたところ，その回答は，**表1-1**のようである。

　教師が今（2006年）の子どもに「よくある」と感じていることを，多い順にあげると，「わがままな子が多くなっている」（58.9％），「家庭でのしつけのできていない子が多くなっている」（58.5％），「できる子とできない子の分化がすすんでいる」（54.9％），「落ち着きのない子が多くなっている」（51.2％），「指導が難しい子が多くなっている」（48.6％），「学ぶ意欲が低下している」（36.4％），「学力が低下している」（36.3％）となっている。このように今の子どもに問題があると感じている教師は多い。「素直な子どもが多くなっている」（3.2％），「人にやさしい子どもが多くなっている」（2.3％），「将来に向けて努力する子どもが多くなっている」（1.5％）と，子どもを肯定的に評価している教師は少ない。

表1-1 教師が現在教えている子どもについて感じること（2006年）

(%)

	よくある	時々ある	あまりない	ぜんぜんない
わがままな子が多くなっている	58.9	34.1	6.6	0.3
家庭でのしつけのできていない子が多くなっている	58.5	37.7	3.6	0.0
できる子とできない子の分化が進んでいる	54.9	34.9	9.8	0.2
落ち着きのない子が多くなっている	51.2	37.8	10.5	0.3
指導が難しい子が多くなっている	48.6	41.8	9.1	0.3
学ぶ意欲が低下している	36.4	44.3	17.6	1.4
学力が低下している	36.3	47.1	15.5	0.7
素直な子どもが多くなっている	3.2	28.1	62.9	5.4
人にやさしい子どもが多くなっている	2.3	29.2	62.9	5.3
将来に向けて努力する子どもが多くなっている	1.5	22.5	69.3	6.3

出所）中央教育研究所，2007，p.90

さらに同調査から，教師（小・中学校）の解釈をフリーアンサーからみてみよう。

「今の日本の子どもたちは，（大人が）子どもだった時とは全く別の人種である。社会も，親の教育力も，子どものしつけ度・コミュニケーション能力もまるで違う」（中学校，女性40歳代），「地域や家庭の教育力が低下しているのを感じます。学習の前提となる基本的な生活習慣が身につきにくく，集中力，根気強さといった学習を支える力も不足してきています」（小学校，女性50歳代），「規律と規範が学校になくなってきている。これは教師批判の高まりと関係があるように思う。教師自身の責任もあるが，教師批判が，学校から規律や規範を奪い，教えてもらう子どもたちが王様のようにのさばるのは問題である」（小学校，男性40歳代），「今問題になっている子どもの親は，年代的に教育現場が大荒れの時に義務教育を受けた親である。その親が成長し，子どもを作っている訳だから

荒れるのはある程度当然の結果」(中学校,男性30歳代)。

このように,問題行動をおこす子どもとその子どもをしつけられない親の問題を感じている教師が多い。

逆に子ども(中学生)の側から,「授業が騒がしくて中断される」教師像としては,次のような教師像が上位にあげられている(ベネッセ未来教育センター,2005,p.42)。

「授業がつまらなく,わかりにくい先生」(とても+わりとあてはまる:33.1％),「生徒の気持ちがわからない先生」(30.7％),「決まりに厳しすぎる先生」(30.5％),「まじめで熱心な先生」(26.3％),「問題が起ると生徒の責任にする先生」(26.1％),「自分勝手な先生」(25.7％),「ひいきしたり,不公平なことをする先生」(24.8％)。

「決まりに厳しい先生」や「まじめな先生」の授業が,騒がしくて中断されるということは,生徒への対応が難しいことを示している。「王様のようにのさばる子ども」と「自分勝手で」「つまらない授業」をする教師が対峙すれば,教室は対立の場になり,騒がしくなるのは必然であろう。教師と子どもの認識の溝を埋める努力がされなければならない。

(3) 中高生の生徒文化,問題行動

学校の校則とは別に,生徒のつくる「裏校則」が存在する。それは生徒たちが自らつくっている暗黙のきまりのようなもので,「上級生に会ったら挨拶する」「下級生はスカート丈を短くしない,シャツのボタンを外さない」「学年ごとの通学路を通る」などのきまりである。この「裏校則」は学校の校則のようにはっきりと明文化されたものではない。したがってそれに気づかず違反して上級生から生意気と呼び出されるものもいる。この「裏校則」を破ることは,学校の校則を破ること以上に勇気がいる。

生徒たちの独自のルールや規範は生徒文化と呼ばれ,生徒への影響が注目されてきた。生徒文化には,「勉強下位文化」(Academic subculture),「遊び下位文化」(Fun subculture),「非行下位文化」(Delinquent subculture)の三種が区別できる。第一のものは,親や教師の期待にこたえたもので問題視されないが,

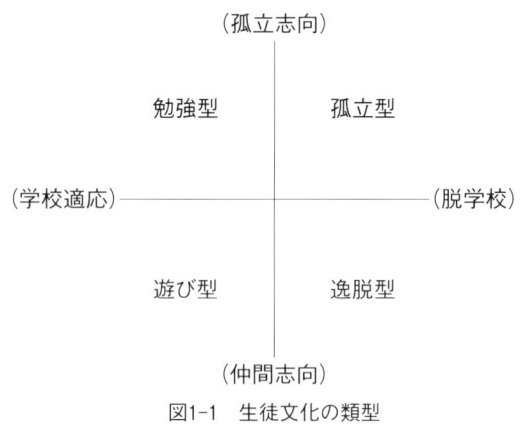

図1-1　生徒文化の類型

出所）武内，1978

第二，第三のものは，逸脱的として，問題視されることも少なくない。

　日本では，図1-1のように，「勉強型」「遊び型」「逸脱型」「孤立型」の4類型の生徒文化が，高校生を対象にした調査から明らかにされている（武内，1978）。「勉強型」は授業は役立ち，楽しいと感じている生徒。「遊び型」は部活動は楽しく，クラスに親しみを感じている生徒。「孤立型」は信頼できる先生もいないし，クラスメイトに反発を感じて学校生活が楽しくない生徒。「反抗型」は学校の規則や教師に反発を感じ，早く社会に出て働きたいと思っている生徒である。

　裏校則や生徒文化の存在を否定することはできない。生徒たちが学校で同世代と集団生活を営む以上必然的に生まれるものだからである。またそれらは，生徒たちの学校への反発だけでなく，学校生活への適応を生み出したり，社会性の育成や自律性を生み出すものである。

　高校生も一様ではなく，高校間の格差や学業成績によって，高校生の生活や進路意識は大きく違い，分化している（武内，1999）。

　表1-2のように，進学校（Aランク校）で成績上位の高校生は，難関大学をめざし，学校の授業に真面目に取り組み，授業への満足度が高く，部活や友人への満足度も高く，学校生活全体が楽しいと感じている。自我像も明るい。受験のためにいろいろなことを犠牲にしているわけではない。大学選択の理由も，

就職や遊びのためというのではなく，専門の勉強のためという明確な問題意識をもっている。親に頼り自分の身辺の自立に欠けるという問題はあるが，自分の将来についてもしっかりと目標をもっている生徒たちである。一方，非進学校（Cランク校）で成績の下位の生徒は，勉強に熱心に打ち込んでいるわけではない。部活への参加も中途半端である。学校生活全体があまり楽しくない。高校卒業後は入れる大学や短大に行くつもりあるいは専門学校進学や就職してもよいと考えている。大学に行くとしても，それは勉強のためというよりは，

表1-2　高校生の生活と意識の学校差・成績差

(%)

	Aランク 成績上 (358名)	Bランク 成績中 (483名)	Cランク 成績下 (201名)
第1志望の高校に入学	73.1	57.8	24.5
学校へ行くのが楽しい（とても＋わりと）	56.0	53.0	27.4
授業に満足（　〃　）	67.6	37.2	18.4
部活に満足（　〃　）	47.3	48.5	26.3
友人に満足（　〃　）	76.1	80.5	70.1
高校生活全般に満足（　〃　）	54.1	48.9	24.4
授業中内職や居眠り（とても）	14.8	9.9	22.5
努力型（とても＋少し）	41.7	38.8	21.5
みんなから信頼されている（　〃　）	36.0	25.1	24.0
ともだちが多い（　〃　）	42.5	43.5	51.5
4年制大学志望	97.8	90.8	43.7
難関4年制大学志望	85.4	27.8	11.6
大学で取得できる資格重視（とても）	45.2	47.4	56.8
大学進学理由：勉強（とても）	53.5	38.0	27.6
大学進学理由：専門知識（とても）	53.2	42.3	39.7
大学進学理由：就職に有利（とても）	33.5	28.9	47.4
大学進学理由：自由な時間（とても）	12.4	16.7	37.9
大学進学理由：キャンパスライフを楽しむ（とても）	20.0	24.4	36.2
大学に入って：アルバイト（ぜひしたい）	56.3	67.1	76.3
将来の目標を持っている（とても＋やや）	63.9	54.0	61.3
自分の部屋の掃除（いつも自分で）	35.0	45.1	55.6

出所）武内，1999, p.70

就職に有利にするためであったり，自由な時間にバイトをしたり遊んだりするためである。中位の高校（Bランク校）で成績中位の生徒は，ほとんどの項目で，その中間の値を示す。

しかし，これはあくまでも全体的な傾向であり，進学校の成績上位者にも問題をおこす生徒もいるし，非進学校の成績下位者にも，真面目に勉強しこつこつ努力する生徒はいる。

教師は，一人ひとりの子どもの家族的背景やそれまでの経歴を把握し，未来に向けて努力する意欲を引き出し，その子どものよさを生かす教育をしていく必要があろう。

4　現代の子どもの特質と教育

(1) 競争心の低下，安定志向の子ども

豊かな社会，18歳人口の減少，大学の入学定員の拡大によって，大学合格率は高まり，受験競争の深刻化は緩和されつつある。入試の多様化で，推薦入学等が増え，過酷な受験勉強や一点を争う競争という構図は崩れつつある。学歴社会の「崩壊」，一流企業の倒産，ゆとり教育の浸透という社会的・教育的背景もあって，子どもの競争心は低下傾向にある。入試をゲーム化してやり過ごす層もでている（竹内，1991）。

高校生は学歴の価値を認めているが，学歴の価値を絶対と思っているわけではない。学歴のある方が，自分の希望や可能性をより実現しやすいと冷静に判断している。

「一流大学卒という値打ち」は，「これからやや下がると思う」（38.4％），「今までと変わらない」（35.0％）と感じている。「志望学部のない大学より，希望する学科のある専修学校へ進みたい」という希望は，1992年の55.4％から2003年には77.1％へ21ポイント増加している。大学を選択するにあたっては，「偏差値」「有名度」「伝統」などより，自分に合った大学や学部を選ぶようになっている。カリキュラム，学生生活，就職状況といった大学生活の中味や将来を重視するようになっている（深谷昌志，2004）。

高度成長あるいはバブルの時代の子どもは，冒険をして成功すれば見返りは大きく，失敗しても受けるダメージは少なかった。そのため，新たなことへ挑戦するものも多かった。しかし，現代の子どもにそのような時代の先進性を期待する社会的風潮はない。そして子ども自身も新しい時代を切り開くという意気込みをもっていない。リスクの高い冒険より，経済不況のなかで安定を求め，生活水準の維持を図ろうとしている。

　大学生に聞くと，約8割の学生は，自分は「安定志向」と答え，次のようなコメントを寄せている（武内，2010, pp.55-57）。

　「社会は安定志向にあるのではないか。不景気と言われるこの社会では，誰もが不安を抱き，敏感になっている。現代の若者はよりシビヤに現実を見つめている」「私は安定を求める。スリルを味わっている場合ではない。大成功を収めるためのスリルが恐い。勝負は特にしたいと思わない。」

　このように，不況，格差社会のなかで，リスクの大きい冒険はしたくない。失敗をしたら，格差の下に位置づき，這い上がれない。それを考えると，安定志向にならざるをえないと，多くの大学生は安定志向の自分の心情を吐露している。

　大学生たちのなかには，安定志向のマイナス面も自覚して，それを越えようという志向をもつものもいる。「何事にも無気力だと何も得られないし，人生を人より損をして生きているように思います。」「やった後悔よりやらなかった後悔の方が大きい，という風に考えます。たとえ，失敗してもまた頑張ればいいのではないかと思います」「失敗してもめげない精神力が人を強く成功へ導くと思います。」

　現在，男子より女子の方が元気で，キャリアや未来に対して積極的である。アメリカでは，キャリア志向の高い優秀な女子学生が大学で恋愛をすると，自分のキャリアを諦め，恋人のキャリアアップを手助けするという傾向が報告されている（Holland, 1990）。しかし，日本では，そのようなことはない。「思う存分，社会で働き，結婚し，子育てもする。それは私の目標であり，夢である」と女子学生は前向きである。　近年，女性のパワーがアップしている。女性の動向がこれからの社会の趨勢を作っていく側面もある（ジェンダーと子ども問

題に関しては，9章を参照)。

 大人に従順で，自主性が乏しく，与えられた目標を素直に受容する「生徒化」した大学生が最近増えている（武内編，2005）。そのような傾向は，すでに中・高校生の時代からうかがえる。ただその従順さ，自主性のなさは，管理化された現代の社会への賢い適応方法でもあり，子どもたちは現実の状況にしたたかに適応しているともいえる。

(2) これからの教育・支援

 これから，子どもの「問題」に対して，大人や社会はどのような対処，教育，支援をしていけばいいのであろうか。それは本シリーズの課題で，随所で論じられているが，筆者の考えを記しておこう。

 第一に，いたずらにマスコミの危機意識に踊らされることなく，現代の子どもの実態や学校や社会のあり方を客観的に見据え，子ども「問題」の発生するメカニズムをとらえることが大事である。

 第二に，子どもが冒険して失敗しても大きなダメージにならない場を用意すること。それによって，子どもはリスクを心配することなく，全力でチャレンジすることができる。これには，日常生活とは時間的にも空間的にも切り離された「聖」や「遊」の場を作ることが必要である。もともと子どもは大人の支配する俗（利害）の原理から離脱し，聖（理想）や遊びの方向へ浮遊する傾向がある（井上，1977）。「聖」や「遊」の場は，個人が試行錯誤しながらエネルギーを注ぐことができる場であり，成功すれば自分の能力への自信を形成し，失敗しても日常生活から切り離されているので，その影響は日常生活に及ばない。しかし，現在，聖なるものが地位を失い，遊びが俗（消費社会）に取り込まれていて，その回復が求められている。さまざまな行事や儀式や遊びやスポーツの場がこれにあたる。これらは，子どもに課せられた通過儀礼（イニシエーション）の場としてとらえることができる。日常性から切り離された聖なる場で，きびしい試練を得て，さまざまな活動が許容され，アイデンティティ形成を準備する。

 第三に，子どもの傷つきやすい心情にも配慮が必要であろう。現代の子ども

は豊かな社会，少子化のなかで，ほしいものをあらかじめ与えられ，物質的な苦労や挫折を知らない。18歳人口の減少，大学入学定員の拡大，入試の多様化などに伴い，受験競争が大幅に緩和され，多くは入試での深刻な挫折体験がない。失敗，挫折体験のないものは，些細な失敗にも大きく傷つき，トラウマを後に引きずり，挑戦をしなくなる。

　第四に，子どもを取り巻く社会的状況の改善を図る必要があろう。子どもが育った家庭や親子関係のあり方は，現在そして未来の子どもたちの生活や心理に大きな影響を及ぼしている。その問題の改善や支援が図られるべきであろう（第1巻，第2巻参照）。そして，子どもたちが多くの時間を過ごす学校という場の教育が，顕在的な側面（カリキュラム，学級など）と潜在的な側面（友人関係，生徒文化など）を含めて検討，改善されるべきであろう（第3巻参照）。さらに，子どもを取り巻く地域社会や情報・メディア，さらにはジェンダー環境なども，子どもへの影響を考察し，適正化が図られる必要がある（第4巻，第6巻参照）。

　第五に，子どもの「問題」行動を嘆くより，大人や社会の子どもへの視線や扱いを見直すことも必要である。大人と子どもは育った時代が違い，大人の時代に当たり前だったことが今の子どもの時代に通用するとは限らない。フリーターが多いことや就職した若者が3年以内に辞めるのは，若者自身に問題があるというよりは，今の企業の都合によるところが大きい（城，2006）。大人の問題を子ども・青年の問題にすり替えてはならない。

　とかく大人の子ども論は，「先行世代が自らの優位性を誇示するだけの，不毛なものに終わってしまうのが常」であり，「（教育論は）過去においてこそ有効であったような処方を採用してしまう。一世代前のリアリティに人々が呪縛されている」（小谷敏編，2003，p.233）といわれる。

　このように，現代の子どもの「問題」とそれを作り出した大人や社会や教育の仕組みを冷静に見つめながら，子どもの教育や支援のあり方を考えていくことが必要である。

　本巻の各章では，その手立てになるヒントが随所に埋め込まれている。

第1章　子どもの「問題」行動・概説

考えてみよう

① 今までやって問題とされなかったことが，禁止の規則ができて，やると罰せられるようになったことはないか，考えてみよう。

② どのような時に，人は規則から外れた行動（逸脱行動）をとりやすいか考えてみよう。

③ 大人は子どもの「問題」行動にどのように対処していったらよいか考えてみよう。

【引用参考文献】

朝日新聞社会部，1999，『学級崩壊』朝日新聞社．
井上俊，1977，『遊びの社会学』世界思想社．
NHK放送文化研究所，2003，『中学生・高校生の生活と意識調査』NHK出版．
学級経営研究会，1999，「学級経営をめぐる問題の現状とその対応」(中間まとめ)．
河上亮一，1999，『学校崩壊』草思社．
北澤毅編，2006，「非行・少年犯罪 序論」『リーディングス 日本の教育と社会9・非行・少年犯罪』日本図書センター．
小谷敏編，1998，『青年論を読む』世界思想社．
小谷敏編，2003，『子ども論を読む』世界思想社．
芹沢俊介，1996，「おとな社会の価値観を反映」『AERA MOOK13』朝日新聞．
城繁幸，2006，『若者はなぜ3年で辞めるのか？』光文社新書．
諏訪哲二，1999，『学校はなぜ壊れたか』ちくま新書．
千石保，2001，『新エゴイズムの若者たち』PHP新書．
竹内洋，1991，『立志・苦学・出世』講談社．
武内清，1978，「学校規模と生徒文化」清水義弘他「高等学校の適正規模に関する総合的研究」『東京大学教育学部紀要』17号．
武内清他，1999，『モノグラフ・高校生 VOL57 大学受験の現在』ベネッセ教育研究所．
武内清編，2005，『大学とキャンパスライフ』上智大学出版．
武内清，2010，「青少年の安定志向」『教育と医学』第58巻1号．
中央教育研究所，2007，『教育改革等に関する教員の意見』．
プロ教師の会，1991，『子どもが変だ！』別冊宝島129号，JICC出版局．
東京都生活文化局，1999，『大都市における児童・生徒の生活・価値観に関する調査報告書（第8回）』．
深谷昌志・和子監修，1999，「「学級の荒れを」をどうとらえるか」『モノグラフ・小学生ナウ』Vol19-2，ベネッセ教育研究所．
深谷昌志監修，2003，「東京の中学生・ソウルの中学生」『モノグラフ・中学生の世界』VOL75，ベネッセ未来教育センター．

深谷昌志監修，2004，「高校生は変わったか(2)」『モノグラフ高校生』VOL70，ベネッセ未来教育センター．
ベネッセ未来教育センター，2005，『モノグラフにみる中学生のすがた』．
Benesse 教育研究開発センター，2008，『第4回学習指導基本調査』．
松本良夫，1987，「『いじめ』の社会学的考察」『現代のエスプリ「いじめ」』No. 228，至文堂．
森田洋司・清永賢二，1986，『いじめ：教室の病い』金子書房．
山本雄二，1996，「言説的実践とアーティキュレイション」『教育社会学研究』第59集．
Holland, Dorothy C. & Margaret A. Eisenhart, 1990, *Educated in romance: women, achievement, and college culture*, University of Chicago Press, 1990.

第2章 子どもの学力問題

小針　誠

1　はじめに

　新千年紀(ミレニアム)を挟んだこの10年の間，学力問題ほど社会の注目を集め続けた教育問題はなかっただろう。さまざまな立場の論客が子どもたちの学力の実態や改善の方法をめぐって論戦し，マスメディアを賑わせていたことは未だ私たちの記憶に新しい。

　そもそも一連の学力問題・学力論争に火が点いたのは，1998（平成10）年10月に教育課程審議会が小・中学校の2002年度以降（高校は2003年度以降）の学習指導要領の改訂を発表した時点にさかのぼる。子どもたちに「ゆとり」を与えるために，すべての土曜日と日曜日を休日とする完全学校週5日制の実施にあわせて，教育内容を3割削減し，さらに子どもたちの「主体性」や「生きる力」を育むことを目的に，小学校3年生以上を対象に「総合的な学習の時間」（以下「総合学習」と略記）を新設することが明らかにされた。

　当初，マスコミも世間も好意的にこの改訂を受け止めた。ところが，翌99年には一斉に学力低下批判とそれに対するさまざまな反論，いわゆる「学力論争」が起きることになる。数学者や経済学者らは99年，00年，01年に『分数ができない大学生』『小数ができない大学生』『算数ができない大学生』と題する書籍を相次いで出版し，小学校程度の計算問題が解けない経済学部生や理系学生の存在を告発し，学力低下と経済力の衰退を関連づけて論じた。また，鎌倉幕府の成立年[*1]や滅亡年さえわからない東大生がいることを伝える東大教授も現れ（『読売新聞』1999年4月2日夕刊）。彼らは卑近な事例や現象を挙げるにと

どまらず，98年の学習指導要領の改訂によって，子どもたちの学力が今後さらに低下すると危惧していた点でも共通していた。それ以後，「ゆとり教育」と「学力低下」はセットで批判的に論じられる教育問題になった。

はたして「学力」とは何なのだろうか，そして「ゆとり教育」を含めた一連の学力論争とは何であったのか。本章では，ゆとり教育の導入と学力論争の開始から約10年の時間を経て，これまでの議論の経過，特に学力をめぐる調査研究の諸動向とその内容（調査の方法，解釈の仕方，その社会的影響力）を批判的に精査しながら紹介し，これからの学力問題の課題やカリキュラムの望ましいあり方を提起したい。

2　学力とは何か

「学力」——この用語を過不足なく定義・説明するのは非常に難しい。それというのも，日本の場合，学校で習得する知識の定着度や理解度を点数によって測定される「見える学力」（academic achievement）以外にも，それを支える学習意欲・関心・態度や表現力・判断力・表現力など，多様な要素を含めて理解されてきたからである（志水，2005）[*2]。ここでは，狭義の「見える学力」の問題を中心に検討していこう。「見える学力」とは，いわゆるペーパーテストで測られる学力，すなわち児童・生徒が教育内容を習得し，それをテストで正確に出力した総量を指す。

よく知られるように，日本の学校教育のカリキュラムの基本的な枠組みは文部科学省の学習指導要領において定められている。学習指導要領とは小学校・中学校・高校・特別支援学校において，教科ごと／学年ごとの教育目標・内容・方法・評価や標準授業時間数に関して定めた国家基準を指す[*3]。教科書は学習指導要領をもとに作成され，教師もこれに従って授業をすることになっている。つまり，日本の学校では，学習指導要領の内容によって，教育目標・内容・方法・評価や授業時間数など，授業を含めた学校教育のあり方が大きく変わる。表2-1は1968年改訂以降の学習指導要領の変遷である。

1968年改訂は一般に「現代化カリキュラム」と呼ばれ，高度経済成長に対応

表2-1 学習指導要領の変遷（1968年～）

改 訂 年	実施年	授業時間数	学習指導要領の特徴
1968年 「現代化カリキュラム」	小1971年 中1972年	小5,821時限 中3,535時限	「教育内容の現代化」（科学技術教育の重視）／神話教育復活／算数・数学に「集合」「関数」を導入
1977年 「ゆとりカリキュラム」	小1980年 中1981年	小5,785時限 中3,150時限	教育内容の過密化改善（学習内容2割削減）／「ゆとりの時間」導入／道徳・勤労・奉仕活動の重視／「君が代」を「国歌」と明記
1989年 「旧カリキュラム」	小1992年 中1993年	小5,785時限 中3,150時限	生活科の新設（小・低学年）／選択履修の拡大と習熟度別指導の導入（中）／社会科を「地歴科」・「公民科」へ（高）／日の丸・君が代義務付け
1998年（小中） 1999年（高） 「現行カリキュラム」	小中2002年 高2003年	小5,265時限 中2,940時限	完全学校週5日制／教育内容の「厳選」（約30％減），基礎・基本の充実／「総合的な学習の時間」新設／選択学習の幅拡大
2008年（小中） 2009年（高） 「新カリキュラム」	小中2011年 高2012年	小5,645時限 中3,045時限	授業時数の増加（小10％・中12％増）／小学校高学年で外国語（英語）活動／「総合的な学習の時間」の縮減／中学校の選択科目減

した人材養成がめざされ，教育内容・授業時間数ともに戦後最も多かった。

ところが，1970年代以降，落ちこぼれ，受験競争，いじめ・不登校・校内暴力・学級崩壊・少年犯罪など，さまざまな教育問題・子ども問題が相次いで明らかになった。それらの問題への対応として，77年改訂の学習指導要領では，学習負担の適正化に向けて「ゆとり」をキーワードに授業時間や教育内容が削減された。以後の89年改訂と98・99年改訂でも授業時間や教育内容は減少し続け，1968年改訂の現代化カリキュラムから1998・99年改訂の現行カリキュラムまでの30年間に標準授業時間数は小学校で約10％，中学校で約17％減少した。

表2-2は，小学校6年生が学ぶ算数の教育内容の移り変わりを，89年改訂の「旧カリキュラム」を基準に示したものである。98年の現行カリキュラムでは，それまで6年生の学習内容の一部が軽減・削除，あるいは中学校の履修内容へと移行された。

表2-2 小学校6年生が学ぶ算数の学習内容の変遷（1971年〜）

	1968年 現代化 カリキュラム	1977年 ゆとり カリキュラム	1989年 旧 カリキュラム	1998年 現行 カリキュラム＊	2008年 新 カリキュラム
分数のかけ算・割り算				軽減	
柱体の体積・表面積		中学1年		中学1年	
すい体の体積・表面積	中学1年	中学1年		中学1年	
能率的な測定				削除	
メートル法の仕組み				削除	
図形の対称（線対称など）	小学5年			中学1年	
縮図・拡大図				中学3年	
角柱・円柱					
角すい・円すい				中学1年	
比					
比の値				削除	
比例とグラフ					
比例の式				中学1年	
反比例の式とグラフ				中学1年	
度数分布	小学5年			削除	
起こりうる場合				中学2年	中学2年

注）＊「現行カリキュラム」は小学5年以下の課程から9項目追加された。

　ところで，学校における教育内容や授業時間数の減少が直ちに子どもたちの学力低下に結びつくのだろうか。ペーパーテストで測られる学力A'（出力）が習得すべき内容A（入力）を下回るとき，つまり「学力低下」には以下2つのケースが考えられる。

　第一は，いわゆる「未習」の場合である。学習指導要領が改訂されたことで，当該学年で学習していなければ，家庭や学習塾など学校以外の場でフォローすることがない限り，それが「学力」になることはないだろう。たとえば，**表**

表2-3 設問分類別にみた学年別正答率(小学校)

	2002年				1982年
	不　　変		全　設　問		全設問
1年生	82.4	(−3.2)	81.0	(−4.6)	85.6
2年生	69.9	(−3.3)	63.9	(−9.3)	73.2
3年生	68.3	(−10.2)	60.9	(−17.6)	78.5
4年生	64.3	(−7.7)	64.0	(−8.0)	72.0
5年生	53.2	(−14.3)	51.3	(−16.2)	67.5
6年生	63.4	(−11.1)	64.0	(−10.5)	74.5
全　体	67.2	(−8.0)	64.5	(−10.7)	75.2

注)各学年の( )内の数値は2002年−(マイナス)1982年である。
出所)耳塚，2004，p.31の表5より(一部改変)

2-2より，2007年当時の小学6年生に中学3年生の学習内容である「縮図・拡大図」に関する問題を出題したら，多くの児童は正しく答えられないだろう。特別なフォローがない限り，学校で未習の教育内容をテストされても，正確に回答できる可能性は限りなく低くなるからである。

第二には，ひとつのテーマを取扱う授業時間数の減少や教科書における説明内容そのものが簡素化した結果，学力として十分に身につかないケースも考えられる。

耳塚(2004)は，1982年と2002年の2時点間の教育内容の変化を関連づけながら，小学生の学力低下の実態を明らかにした。表2-3によれば，82年・02年の2時点で教育内容が「不変」の場合でさえ，正答率は全学年で約8.0％，学年別には1年生の3.2％から5年生の14.3％の低下が観察された。これに簡素化された教育内容などを加えて，82年と同じ「全設問」の正答率を比較すると，全学年で10.7％，学年別には1年生の4.6％から3年生の17.6％の低下がみられた。ところが，簡素化を含めた教育内容自体の変化は，正答率低下の全要因のうち，わずか2割強しか説明できないという。

残る8割はその他に起因する要因，すなわち，学校の教育方法(pedagogy)の変化や児童・生徒の問題等を背景にした「非定着」のケースだという。

教育方法の変化とは，教師における教育観や子ども観，教育方法や評価方法

の変化を指す。1980年代以降の教育現場では、子どもたちの学習意欲や興味・関心・態度を最大限に支援・評価する「新しい学力観」が求められるようになった。そのため、時間をかけて教育内容を繰り返し学習する機会や時間が減ったり、詰め込み型の教育方法が「旧い学力観」であるとして忌避の対象にされた。また、完全学校週5日制の導入によって、それ以前と比べて、児童・生徒が学校において学習済みの内容を正確に理解・定着する機会が減ったのかもしれない。

③ PISAショック──学力ナショナリズムの陥穽──

　学力低下を論証するデータとしてしばしば引用され、08年度改訂の学習指導要領に大きな影響を与えたのがPISAにおける日本の国際的な順位の低下であった。PISAとはProgram for International Student Assessmentの略称で、OECD（経済協力開発機構）が実施する15歳（日本の場合は高校1年生）対象の国際学習到達度調査である。2000年の第1回調査は科学、数学、読解力の3領域のテストに32ヵ国が参加し、03年の第2回調査は3領域に「問題解決」が加わり41ヵ国が参加、06年の第3回調査は科学、数学、読解力の3領域のテストが行われ、56ヵ国が参加した。

　第1回調査（2000年度）は科学、数学、読解力のそれぞれで2位、1位、8位と好成績を収めた。ところが、第2回調査（2003年度）では、日本は大きく順位を下げた（科学2位、数学6位、読解力14位、問題解決4位）。この結果を受けて、当時のマスコミは「土曜日を休みにして、教える中身を3割削減したゆとり教育の結果だ」または「学力低下は日本の経済力の衰退や国際的地位の低下を招く」などと、「ゆとり教育」を槍玉に挙げて、文部科学省を厳しく批判した。

　当時の文部科学大臣であった中山成彬は、この結果を受けて、ゆとり教育と学力低下の因果関係を認めたうえで、今後の教育のあり方について「全然詰め込みではない。たたき込め、っていってんだから。繰り返し繰り返し、ちゃんと覚えろよ。ということ。刷り込めといってもいい。」（『朝日新聞』2005年4月

24日朝刊）と発言し，学習指導要領の見直し，全国学力テストの実施，教員の指導力向上に向けた諸策を打ち出した。

　一連のPISAショックとは，社会経済のグローバル化を背景に「世界各国に負けるな」というスローガンのもと，国をあげて学力向上を謳う，まさに「学力ナショナリズム」と呼ぶべき動きであった。

　しかし，以上のコメントは，国際順位の低下だけをもって，学力低下問題が論じられたに過ぎず，テストの出題内容と学習指導要領を含めたカリキュラムとの関連で検証・指摘されたわけではない。PISA型の学力とは，90年代のEU統合を背景に，〈一市民としてどう生きるべきか〉を探求する「市民性教育」(citizenship education) を反映した内容が中心になっている。つまり，ひとつの課題に対して，唯一の正解ではなく，独創的・探索的・複合的な情報処理を求める問題が多くを占めており，知識の詰め込みだけでは対応が難しい内容であるといわれる（福田，2007）。そのため，ペーパーテストで唯一絶対の正解を求められることが多い日本の生徒にとっては，あまり馴染みのない内容の問題がかなり含まれているのである。このようなPISAの特徴をまったく無視して，国際順位の高低のみに一喜一憂し，労働力や経済力を含めた国力の問題として学力問題を議論し，さらに「刷り込み教育」への回帰を主張すること自体，まったくの的外れというほかないのである。

4　学力低下・格差の検証

　では，日本の子どもたちの「学力」(academic achievement) にはどのような特徴がみられるのだろうか。代表的な調査結果をいくつか紹介し，その実態を明らかにしよう。

　本田（2002）によれば，子どもたちの学力低下を正確に検証するためには，①同じ内容の学力調査，②学年や地域などの特性が同じ，③母集団を代表する大規模な対象で行う，④複数時点で実施したデータの4点が求められるという。それに加えて，⑤学力を規定する要因とされる家庭学習時間や家庭背景を明らかにする生活実態調査も必要であろう。

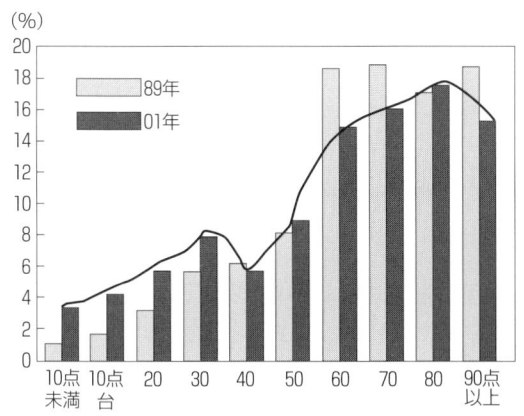

図2-1 学力格差の実態（中学校・数学の得点分布）〜1989年と2001年〜
出所）苅谷ら，2002，p.16

　それら5点の条件をほぼ満たした学力調査を実施したのが教育社会学者の苅谷剛彦らである。苅谷ら（2002）は，1989（平成1）年と2001（平成13）年の2時点にわたって，同一地域・同一学校に通う小学校5年生と中学2年生を対象に，共通の国語と算数・数学テスト問題（2時点ともに学習済みの基本的な問題が中心）を実施した。また，それと同時に児童・生徒一人ひとりの家庭的背景を含めた生活実態についても調査した。
　その結果，以下2点が明らかになった。
　第一に，学力は低下傾向にあり，しかも学力格差が拡大している。特に，小学生よりも，抽象的な内容が増える中学生で学力格差が拡大している。中学校・数学の得点分布をみると，平均点は89年の69.6点から01年の63.9点へと5.7点低下したばかりか（学力低下），高得点層（90〜70点）と低得点層（30〜20点）の分化，そして中得点層（60〜40点）の減少という学力格差（二極化）の実態も確認された（図2-1）。図から察するに，高得点層の減少と低得点層の増大が全体の平均点を押し下げる結果になったのかもしれない。
　第二に，児童・生徒の学力は家庭環境（文化的環境）や通塾の有無によって規定されている。先掲の中学校・数学は89年の通塾者の平均75.8点，非通塾者の平均62.5点とその差13.3点であったのに対し，01年には通塾者の平均74.5点，

非通塾者の平均54.5点と20.0点もの得点差（学力差）がついてしまった。テストの内容はいずれも学習済みの教育内容であるから，なぜ高得点層と低得点層が分化したのか，その要因を明らかにする必要があるだろう。

⑤ 学習済みの内容がなぜ身につかないのか ——勉強離れと格差社会の因果関係——

　日本の子どもたちの学力はすべての児童・生徒において低下しているわけではなく，むしろ格差（二極化）が広がっているという。その大きな要因のひとつは，学校以外で学習する機会や時間を確保できる／できないが家庭環境による格差を伴いながら拡大しているということである。つまり，学校の学習内容を予習・復習し，簡易化された学習内容を「確かな学力」として習得する場の格差が挙げられる。

　神奈川県藤沢市が1965年以降5年おきに実施している中学3年生の帰宅後の勉強時間に関する調査結果（図2-2）によれば，「毎日2時間以上」勉強する生徒の割合は1975年にピーク（29.1％）を迎えた後，2005年には7.8％にまで減少

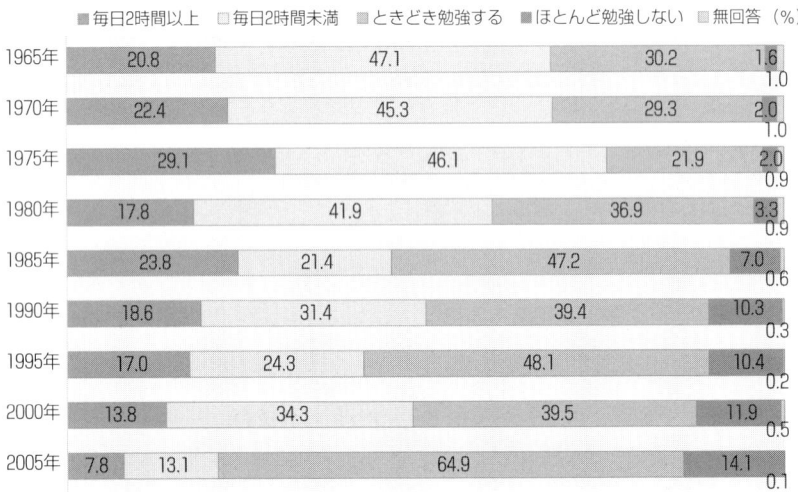

図2-2　藤沢市中学3年生の帰宅後の学習時間（1965～2005年）
出所）藤沢市教育文化センター，2006，p.23

し続けている。他方,「ほとんど勉強しない」層は,1975年までは2％台に過ぎなかったのに対し,90年になると1割を超えて(10.3％),2005年には14.1％まで増加している。子どもの勉強離れは確実に進み,しかも学校外で勉強する子どもと勉強しない子どもとの間の格差も広がりつつある(藤沢市教育文化センター,2006)。

学校外学習時間には,前節で検討した学習塾の通塾時間も含まれる。学習塾の通塾は,子どもの教育に対する家庭の意識や学習塾などの学校外教育費を捻出する経済力と大きく関連している。経済的・文化的に恵まれた家庭や教育熱心な家庭ほど,子どもを学習塾に通わせたり,親が子どもに勉強を教えることが多いため,その子どもは十分な学力を獲得する可能性が高まるのである。

とりわけ完全学校週5日制の導入に伴い,平日に比べて,休日(土曜日・日曜日)のほうが学校外学習時間の格差が大きく,社会階層(保護者の学歴)の影響を伴いながら,学業成績を大きく規定している(小針,2002)。完全学校週5日制により土曜日・日曜日が自由に使える時間になった結果,その使い方に格差が表れ,それが学業成績に結びつくようになったと考えられる(表5-4)。

表2-4 子どもの生活時間と社会階層差 (分)

		水曜日 平均値	土曜日 平均値	日曜日 平均値
小学生	fm	78.2	54.1	69.6
	Fm	92.9	56.8	49.1
	fM	92.3	47.6	64.1
	FM	97.2	70.2	81.4
	最大-最小	19.0	22.6	32.3
中学生	fm	106.68	98.74	104.68
	Fm	112.29	122.57	109.29
	fM	138.75	154.29	136.07
	FM	117.82	137.45	148.36
	最大-最小	32.1	55.5	43.7

注)fm:父・母ともに中・高・専門卒,Fm:父が四大・短大卒,母が中・高・専門卒,fMは父が中・高・専門卒,母が四大・短大卒,FMは父母ともに四大・短大卒をそれぞれさす。
出所)小針,2002,p.84

つまり,休日に学習塾への通塾を含めた学校外学習時間を確保できるのか,それともテレビやゲーム等に興じて過ごすのかによって,学力格差がより鮮明になったといえよう。

また,1980年代以降,日本社会の政策転換等を背景に,社会的格差が次第に明るみになり,ここ最近ではワーキング・プアなどと呼ばれる「働く貧困層」も問題になっている[*4]。特に貧困層の家庭では,子どもの低学力,長期欠席,授業料滞納,高校中退,虐待を含

めた家庭内暴力,非行などの問題として明らかになっている(青木,2003;岩川・伊田,2007;浅井・松本・湯澤,2008など)。学力の問題を含めて,子どもたち自身が日本社会の構造変容をそのまま背負っているといえるのである。

6 新しい学力観としての「総合的な学習の時間」

さらに,学力低下や格差に拍車をかけていると批判的に指摘されてきたのが「総合学習」である。「総合学習」とは,これまでの日本の教育における「詰め込み教育」に対する反省から,すべての子どもの「生きる力」の育成や自ら調べ考え発表する「新しい学力」の向上をめざして,国際理解,環境,情報,福祉・健康などをテーマに,教科横断的に,調べ学習,体験学習,ワークショップ等を取り入れた教育実践である。

当初の目標通り,すべての子どもが「総合学習」を通じて「生きる力」と「新しい学力」を獲得することができるのだろうか。

ある調査(苅谷他,2002)は,基礎学力(旧い学力)の高い子どもほど「新しい学力観」の「総合学習」に意欲をもって積極的に取り組み,逆に基礎学力の低い

表2-5 旧学力(基礎学力)と新学力(自ら調べ考える学力)との関係 (%)

	旧学力	①調べ学習への取り組み	②調べる授業	③考え・意見を発表する授業
小学校	上位	58.1	45.2 (15.9)	50.4 (17.8)
	中の上	56.3	51.3 (14.4)	56.7 (13.3)
	中の下	50.8	42.9 (24.1)	42.9 (21.4)
	下位	36.2	37.7 (30.0)	36.9 (31.2)
中学校	上位	51.0	49.9 (15.9)	38.6 (24.8)
	中の上	38.8	42.8 (22.2)	26.9 (32.5)
	中の下	32.6	42.5 (25.6)	28.3 (34.9)
	下位	26.1	36.5 (32.3)	31.9 (34.2)

注1)各質問文は①「調べ学習には積極的に参加・活動する」②「自分たちが調べる授業を受けたいとおもう」③「自分の意見・考えを発表したり,言い合う授業を受けたい」である。
 2)①は「とても当てはまる」「まあ当てはまる」,②と③は「とても受けたい」「まあ受けたい」と回答した者の合計(%)で,(括弧内)の数字は「全く受けたくない」と回答した者の割合を指す。
出所)苅谷ら,2002,pp.48-49

子どもは「新しい学力観」に興味・関心さえ示さない傾向を明らかにした（表2-5）。

つまり「総合学習」は基礎学力（旧学力）の低い子どもたちに疎外感を味わわせる一方，基礎学力の高い子どもたちは「総合学習」に積極的に取り組み，「新しい学力」への意欲も高い。つまり，総合学習は新／旧双方の学力格差を広げることになった。

体験学習にせよ，調べ学習にせよ，資料やデータを収集・分析したり，経験した内容や調べた内容を発表する「新しい学力」は，従来の読み・書き・算（数）などの基礎学力（旧学力）が前提として求められる。特にさまざまな家庭環境や多様な学力の子どもが一同に学ぶ公立学校の現状を鑑みれば，何よりもすべての子どもの基礎学力を保障し，そのうえで応用・発展版のカリキュラムとして「総合学習」を位置づけていくべきではないだろうか（図2-3）。

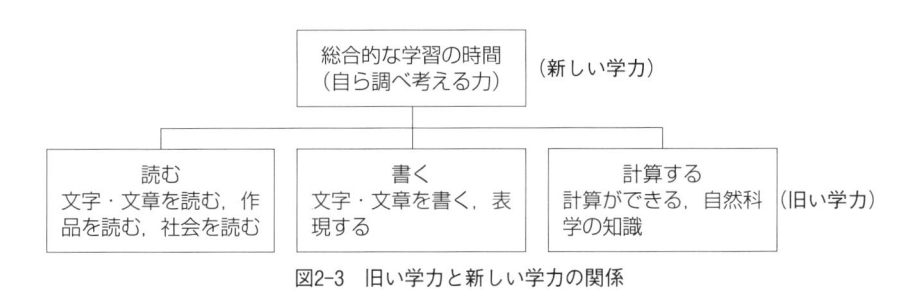

```
                総合的な学習の時間
                （自ら調べ考える力）        （新しい学力）
         ┌──────────┼──────────┐
      読む            書く          計算する
  文字・文章を読む，  文字・文章を書く，  計算ができる，自然科   （旧い学力）
  作品を読む，社会を読む  表現する        学の知識
```

図2-3　旧い学力と新しい学力の関係

7　まとめ

2008年改訂の学習指導要領「新カリキュラム」では，一連の学力論争（特に学力低下批判）を受けて，「確かな学力と思考力・創造力の育成」をスローガンに授業時間数の大幅な増加が図られた。小学校の総授業時間数は5,367時限から5,645時限へ，中学校では2,940時限から3,045時限へと約30年ぶりに増えた。それに伴い，前回の学習指導要領で削除ないしは高学年に移行された内容が「復活」した（前掲表2-1，表2-2参照）。

他方，学力低下・格差批判のターゲットになった「総合学習」の授業時間は，

小学校に限ってみると，430時限から280時限へ（週3時限から週2時限へ）減少した。その一方，国際化にあわせて，小学校の高学年では年間35時限（週1時限）の外国語活動（主に英語）が導入されることになった。

しかし，貧困層の増大をはじめとする格差社会を背景に，子どもたちの間で学習時間や学力の格差が進行・拡大している現状において，いたずらに授業時間や教育内容を増やせば学力が向上すると考えるのは，限りなく「幻想」に近いのではないだろうか。しかも，完全学校週5日制は温存されたままである。授業のスケジュールは過密になり，すべての子どもたちが学校教育を通じて時間をかけて「確かな学力」を身につける機会を奪うことになってしまうのではないだろうか。

そのためにも，基礎学力（旧学力：読む・書く・計算するなど）と自ら調べ考える能力（新学力）とを対立させてとらえるのではなく，両者の長所をバランスよくカリキュラムに取り入れていくことが必要であろう。いまこそ求められているのは，すべての子どもが十分に基礎学力を習得し，それを活用し，自ら調べ考えることのできる，つまり一人ひとりの子どもが学ぶ主体となり，学ぶ意味（レリヴァンス）の明らかなカリキュラム・デザインなのである。

考えてみよう

① 文部科学省は2006年頃から学力向上に向けて「早寝・早起き・朝ごはん」というスローガンを発表した。このスローガンの問題点は何だろうか。

② 子どもたちの学力低下や格差の問題を改善するにはどのような方法が有効だろうか。教育や福祉を含めた社会政策，学校，家庭，地域社会には何ができるのか（可能性），できないことは何か（限界）を考えてみよう。

【注】

1　受験学力や学力テストでは通常「鎌倉幕府の成立は1192年である」という知識が求められることが多い。ところが，厳密には1192年は源頼朝が征夷大将軍に任命された年に過ぎず，昨今では，頼朝が鎌倉に守護・地頭をおいた1185年説や頼朝が右

近衛大将に任ぜられた1190年説など5説あり、〈1192年＝鎌倉幕府の成立年〉という考え方は数ある学説のなかのひとつでしかない。これは、私たちが「正解」と自明視している受験学力もまた唯一絶対の「正しい知識」であるとは限らないことを示す好例である。

2　学力モデル（広岡亮蔵），見える学力／見えない学力（岸本裕史），学力の樹（志水宏吉）などがその代表例である。

3　学習指導要領は戦後の1947（昭和22）年にはじめて告示され，以後約10年に一度改訂されている。なお幼稚園については「幼稚園教育要領」が告示されている。

4　今や日本の子どもの相対貧困率は15％にものぼり（6～7人の児童に1人が貧困である！），先進国でもかなり高い。貧困は子どもの基本的な生活環境（衣食住や健康状態）や学校生活（学業成績や進学・就職）に好ましくない影響を与えており，あらゆる社会的参加の場からの排除（social exclusion）の点からも問題になっている（阿部，2008；岩田，2008）。

【引用参考文献】

青木紀，2003，『現代日本の「見えない」貧困』明石書店．
浅井春夫・松本伊智朗・湯澤直美，2008，『子どもの貧困』明石書店．
阿部彩，2008，『子どもの貧困』岩波新書．
岩川直樹・伊田広行，2007，『貧困と学力』明石書店．
岩田正美，2008，『社会的排除　参加の欠如・不確かな帰属』有斐閣．
苅谷剛彦，2000，「学習時間の研究」『階層化日本と教育危機』有信堂．
苅谷剛彦・志水宏吉・清水睦美・諸田裕子，2002，「調査報告「学力低下」の実態』岩波ブックレット．
小針誠，2002，「小・中学生の学業成績と「学校外学習時間」に関する一考察」日本子ども社会学会編『子ども社会研究』第9号　ハーベスト社．
志水宏吉，2005，『学力を育てる』岩波新書．
福田誠治，2007，『全国学力テストとPISA』アドバンテージサーバー．
藤沢市教育文化センター，2006，『第9回「学習意識調査」報告書』．
本田由紀，2002，「90年代におけるカリキュラムと学力」日本教育社会学会編『教育社会学研究』第70集．
耳塚寛明，2004，「教育課程行政と学力低下」苅谷剛彦・志水宏吉編『学力の社会学』岩波書店．

第3章 校内暴力, 学級崩壊

腰越　滋

1　問題提起と概要

　本章で扱うテーマは、子どもの「荒れ」、わけても学校内での子どもの「荒れ」についての問題群である。これらを時系列で考えてみると、少なくとも2つのことに気づく。ひとつは、1970年代末頃から1980年代半ばまでの議論の中心が、校内暴力にまつわる諸問題であったのに対し、これ以降1990年代から今日までになると、議論の焦点が学級・学校崩壊の問題に移ったと考えられることである。

　もうひとつは、この中心的な論争点（issue）の変化に伴い、「荒れ」の質的変容が起こったのではないかということである。あえていえば、校内暴力の時代には、「荒れ」る子どもたちは可視化可能な範疇にあったと考えることができたのではないか。つまり、彼らにどんな背景があり、何故荒れているのかが類推可能だったということである。これに対して、学級崩壊の時代に入ると、崩壊の引き金になる子がどのように生み出され、何故そうなったのかが、とらえにくくなっていく。つまり学級・学校崩壊の時代には、子どもたちがわれわれ大人からみて不可視的な領域へと移ってしまい、原因が容易に特定できなくなったとはいえないだろうか。

　そこで本章では、小中学校で主に散見されてきた校内暴力、学級・学校崩壊などに関連する現象を、まずは量的側面から時系列でトレースしてみたい。そのプロセスのなかで、子どもの「荒れ」は時期ごとにその性格が変化してきて

いることを指摘し，加えて不可視的な今日の「荒れ」の改善には，学校（教師）側と保護者をも含む児童・生徒との関係性の再構築の視点が必要なこと，などを示唆してみたい。

さらに現今，『学校崩壊と理不尽クレーム』(嶋﨑，2008)といった書にも象徴されるような現象が見られるようになってきたことにも注目したい。これは親によるクレームが，教師たちを疲弊させ，学級を崩壊させるという現象である。このクレーマーたる保護者たちの中心は，1980年代に全国的に校内暴力の嵐が吹き荒れた時期に中学生だった世代であり，1990年代半ば以降に親になった人々であると推測される。彼らの一部は，かつての子ども時代に教師への反発・反抗を当たり前のものとし，保護者になってからも学校を全く尊敬しなくなっている。このことが，今どきの子どもたちにとってのある種の学習材料になっていることは想像に難くない。

つまり，今日の学級・学校崩壊を考えるには，かつての子ども世代たる保護者にも考察の射程を伸ばす必要があるのであり，このいわれてみれば半ば自明の事実を認識してこそ，学級・学校崩壊の問題がよりよく読み解けるに違いないのである。

そのように考え，本章では今どきの子どもはもとより，かつて子どもだった現今の親についても言及しながら，問題の核心へと迫りたい。

2　校内暴力から学級・学校崩壊へ──「荒れ」の構造変容を巡って──

(1) 高度成長期から校内暴力の時代

わが国の戦後教育を通史的に振り返ってみると，校内暴力は1970年代頃に社会問題として認識されはじめ，80年代には一般に広く知られるようになったと考えることができる[*1]。また97（平成9）年度からは，それまでの対教師暴力，生徒間暴力，学校の施設・設備等の器物損壊の3つの形態に，対人暴力（対教師暴力，生徒間暴力を除く）をも加えた4つの形態別の分類で，調査が継続されてきている[*2]。調査対象についても，公立中学校・高等学校が対象だったものが，97年度からは公立小学校が加わり，さらには2006年度からは国・私立学

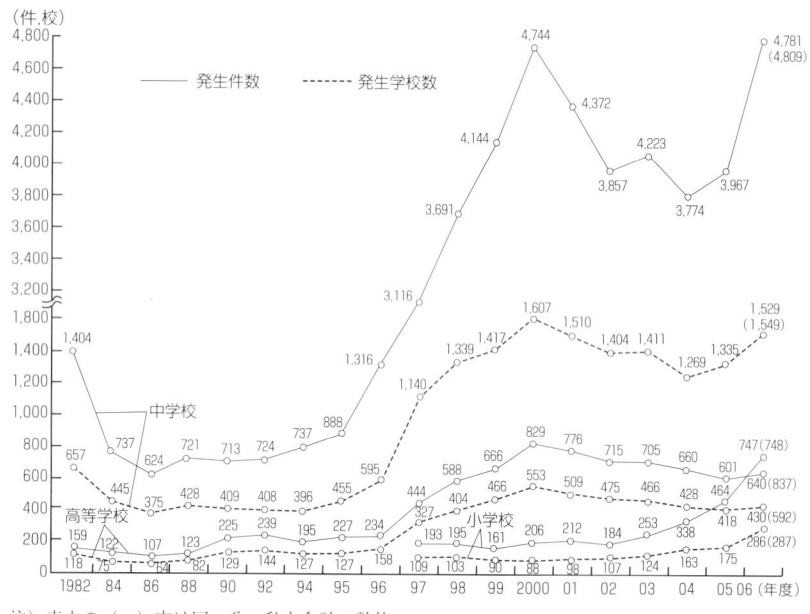

図3-1 対教師暴力の発生状況（公立学校：学校内・学校外）
出所）清水（代表）編著，2008, p.119より

校も調査されるようになった。このような変更を踏まえ，文科省としても「平成9年度からは調査方法等を改めたため，それ以前との単純な比較を行うことはできない」[*3]と言明している。

したがって，単純な量的件数の増減だけをもって，校内暴力が激化したとか沈静化したとかと短絡することはできない。だが，経年変化にみる量的推移が全く無意味かといえばそうともいえず，そこには何らかの意味があるはずである。そのように考え，データを紹介する。

先述した通り，校内暴力にも4形態あるが，本章のテーマに即して考えると，対教師暴力の発生件数を採り上げるのが最もわかりやすいと考え，ひとまず対教師暴力の発生状況（図3-1）を示す。これによると，校内暴力のひとつの山とも解される82（昭和57）年度に1,404件の発生件数を認めることができる。だがそれ以上に，95年度以降の上昇から2000年度に第二の山（4,744件）を，そし

表3-1　日本の戦後教育歴史

1946	日本国憲法発布
47	教育基本法・学校教育法　公布 学習指導要領（試案）発行 **経験重視　自主性**
56	教育委員会　任命制へ
57	教職員の勤務評定
58	学習指導要領　改訂 **知識重視　管理強化** 高度経済成長
61	全国学力一斉テスト
63	経済審議会答申 **能力主義　エリート養成**
68	学習指導要領　改訂 **理数教育の現代化**
73	第一次オイルショック
74	高校進学率90%を突破
77	学習指導要領　改訂 **ゆとりと充実**
79	共通一次試験　スタート
87	臨時教育審議会最終答申 **個性重視の原則**
89	学習指導要領　改訂 **個性を生かす教育**
91	バブル崩壊
93	業者テスト　禁止
98	中央教育審議会答申 **心の教育** 学習指導要領　改訂 **総合的な学習の時間　3割削減　生きる力**
2000	教育改革国民会議報告 **個性を伸ばす教育　奉仕活動の義務化**
01	「21世紀教育新生プラン」
06	新教育基本法　公布・施行
07	教育三法　改正
08	学習指導要領　改訂（一部先行実施。全面実施は小で2011年度，中で2012年度の予定）
09	高等学校学習指導要領　改訂（公示）（実施は2013年度からの予定）

（右側の付記：受験戦争激化／偏差値／落ちこぼれ／校則・体罰／校内暴力／いじめ／いじめ／不登校／凶悪犯罪／学級崩壊）

出所）NHK「日本の宿題」プロジェクト編，2001，pp.52-53に加筆

て2006年度には第三の山（4,781件）をも認めることができる。

単純に考えれば，90年代までよりも2000年度以降の方が校内暴力の激化が読み取れると解釈できよう。しかし，われわれとしては80年代以前の戦後教育の状況変化（表3-1）や非行少年の検挙人数（図3-2）といったものにも留意したい。

表3-1は日本の戦後教育史を簡単に振り返った年表であるが，これに戦後の非行少年の検挙人数などを重ねて考えると，敗戦直後から21世紀に入るまでにも3つの波があったことに気づかされる。

戦後の少年刑法犯検挙人数（以下，非行少年の検挙人数）の推移[*4]（図3-2）に関しては，3つの波があるとされており，概略次のようにも説明されている（NHK「日本の宿題」プロジェクト編，2001，pp.32-33）。

第一の波は1950年代初めの「古典的貧困」といわれる波であり，貧しいがゆ

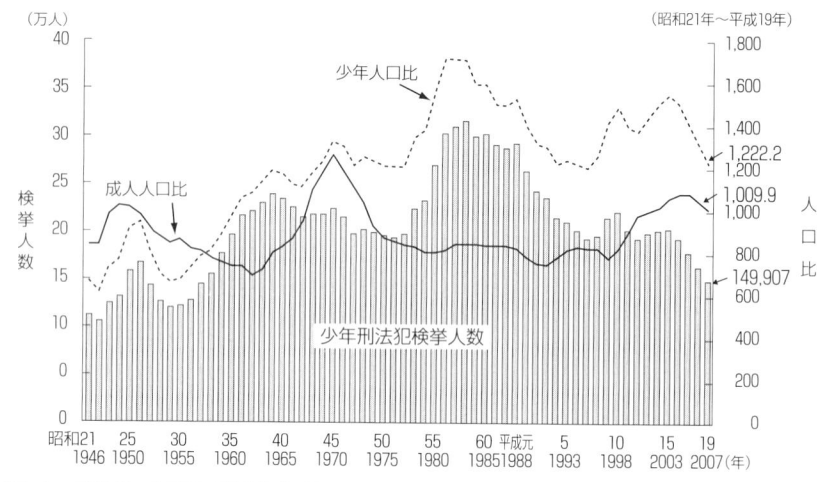

注）1 警察庁の統計及び総務省統計局の人口資料による。
　　2 触法少年の補導人員を含む。
　　3 昭和45年以降は，触法少年の自動車運転過失致死傷等を除く。
　　4 「少年人口比」は，10歳以上20歳未満の少年人口10万人当たりの少年刑法検挙人員の比率であり，「成人人口比」は，20歳以上の成人人口10万人当たりの成人刑法犯検挙人員の比率である。

図3-2　少年刑法犯検挙人数の推移（1946-2007）
出所）法務省，2008，p.18

えに盗みなどの犯罪を犯す，というものであった。続いて第二の波は，60年代に入ってからの農業社会から工業社会への転換点であり，さらに第三の波は，70年代後半から80年代にかけての工業社会からポスト工業社会への移行期に認められる。

　この第二，第三の波に共通していえるのは，社会構造の転換が起こると，それに伴って非行少年の検挙人数が増えているということなのだ。

　ちなみに第三の波のピークに，校内暴力の1つめの山のそれがほぼ重なっていることに気づくが，これらのピークの重なりが産業構造の転換に伴って起こったものだったとすれば，それ以降の2000年度，2006年度の2つの山（図3-2）とは，区別されて考えられるべきではなかろうか。というのは，校内暴力が2000年度以降に2つめ，3つめの山を見せて増加しているのに比べて，非行少年の検挙人数は逆に明らかな減少傾向を示しているからである。ここからは，いわゆる青少年非行としての校内暴力は，1つめの山までの80年代までで，

一区切りできる現象だったのではないか，と推測されるのである。

　加えて，産業構造の転換と校内暴力が結びつくとするならば，2000年度以降はポスト工業社会がより先鋭化したIT産業主導社会とでもいえる局面に突入していると考えられ，ポスト工業社会それ自体が転換しているわけではない。さらに図3-1をよく見ると，2000年度以降の小学生の対教師暴力が，ほぼ一貫して増加しているのが認められる。97年度以前の統計データが無いので断定はできないが，付言すれば，80年代までにおいては90年代以降とは異なり，小学校で深刻な暴力的な問題は発生していなかったか，もしくは社会問題として顕在化していなかったとも考えることができよう。

　このように考えると，やはり80年代までの校内暴力と，以降のそれとは質的に異なり，区別して考える方が穏当だと思われる。私見を含めて述べれば，80年代の校内暴力の時代は，既成の枠を押しつける学校というシステムに，子どもたち（特に中・高生たち）が抗った現象であり，その反抗の理由も比較的可視化可能であったと見なすことができるのである。この辺りの状況を当時の中学校教諭の言[*5]から補っておきたい。

　　原因として考えられるのは，ひとつには，学校というシステムそのものの問題です。七〇年代以降，教育は競争化の度合いを深めるばかりでしたが，一方では，学校が絶対化して，家庭も社会も学校的価値にすっぽり呑み込まれてしまうという状況が出てきた。『学校化社会』といってもいいと思いますが，そういう状況のなか，子どもたちは学校にしか居場所がなくなりました。したがってそこで落ちこぼれてしまうと，社会全体からも落ちこぼれてしまうという不安を抱え込むことになったのです。単に学力的に落ちこぼれていくだけではなく，落ちこぼれるということが，人間として一人前に認めてもらえないことに直結する。そういう形の人間疎外が起こったのです。そして，人間として認めてもらえない落ちこぼれの子どもたちは，暴力的にしか自己主張をすることしかできなかったのです。校内暴力は，こういう背景から噴出してきたものだと思います（NHK「日本の宿題」プロジェクト編，2001，p.34）。

第3章　校内暴力，学級崩壊

(2) 媒介期としてのいじめ、不登校の急増

　さて、校内暴力の時代を経て学級・学校崩壊の時代に入っていくまでに、事態はどのように展開していったのだろうか。先に、校内暴力は80年代半ばまでの１つめの山と、それ以降の２つめ、３つめの山とは区別すべきだと述べた。仮に学級崩壊の時期が、90年代半ば以降今日までの状況を指すとすれば、ここで留意したいのは、反抗理由が比較的可視化可能だったと考えられる非行や校内暴力の１つめの山の時期と、90年代半ば以降の学級崩壊の時代との間の時期である。

　というのは、この時期には70年代から続く校内暴力を校則や生徒指導の強化で抑えようとするゼロ・トレランス（zero tolerance：寛容度ゼロ）的な子どもへの働きかけ、いわゆる「管理教育」が見られ、その反作用として校内暴力がアンダー・グラウンド化して「いじめ」という現象に転じた、とみることもできるからである。つまり「荒れ」そのものが沈静化したというよりも、その火種はくすぶり続けており、恐らく中・高生のそれは学校側の締め付けによって

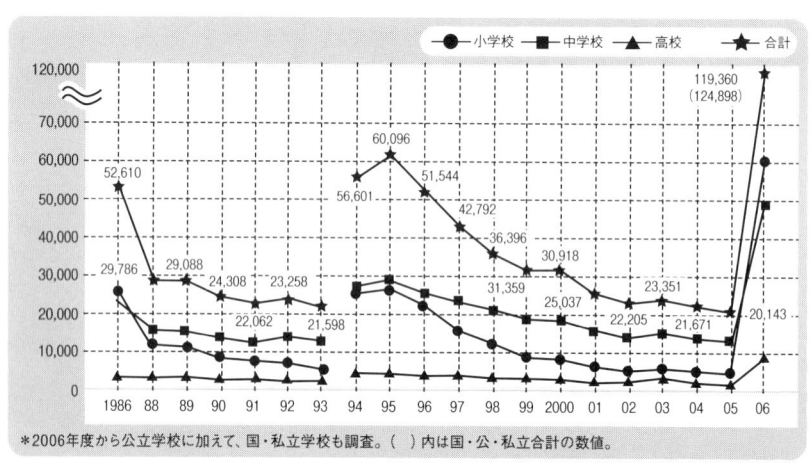

*2006年度から公立学校に加えて、国・私立学校も調査。（　）内は国・公・私立合計の数値。

図3-3　いじめの認知（発生）件数（公立学校）

資料）文部科学省「2006年度児童生徒の問題行動等生徒指導上の諸課題に関する調査」2007年11月より

出所）東京学芸大学 Webサイト内「教員免許制　調べる・学ぶ Online」"子どもを巡る状況変化"
（http://www.u-gakugei.ac.jp/~renewal/sozai/dl/01/01_gakko/data/jpg1280/12-izime.jpg, 2010.2.20）より

水面下の見えにくい部分に，しかも鉾先を対教師にということもさることながら，同胞のより弱い生徒に向ける形で，続いていったと考えられるのである。その証左のひとつとして，90年代半ばにいじめの発生件数がひとつのピークを迎えたことがあげられる[*6]（図3-3）。

加えて80年代から90年代にかけては，不登校が急増しており，「八〇年代初めには，二万人ほどだった不登校の児童生徒は，九〇年代に入ると実に五万人を突破する」（同書，p.61）と指摘されてもいる。この90年代は，バブル崩壊を契機として年功序列や終身雇用といった日本の高度成長を支えてきた企業社会の論理が崩れ始めた時期でもある。つまり，良い学校を出て一流企業に就職するのが幸福だとする「神話」が，もはや幻想でしかないことに人々が気づき始めた時代であった。

このようにみてくると，中・高生を中心に「荒れ」が学校や教師などの外へと向かっていた校内暴力の１つめの山の時期とは異なり，この時期には，いじめや不登校の増加に象徴されるように，「荒れ」が内側へと沈潜していったとは考えられないだろうか。アンダー・グラウンド化することによって，個々の事例の原因が不可視的になっていく。端的にいえば，いじめの首謀者が教師や親には把握できにくくなったり，原因が周囲にはわからないままに不登校になってしまったりする，という事例が散見されたと推測されるのである。そうした80年代と90年代の教育問題の変化ないし差異を，的確に表現してくれている文言を，以下に紹介しておこう。

> 八〇年代は，「グループ」によって「社会・大人」への反発が「外的」に働いたもの。九〇年代は，「個」によって「家庭」への反発が「内的」に働いたものと思います。八〇年代は，子どもたちが最初に出会う社会人としての教師が大量に生産され，（教師が）管理されないままに起こった体罰や激しい校則など，社会への「不信感」に反発した生徒が多く見られたと思います。それは「量」と対決するため「グループ」として行動を起こしたと思います。（中略）九〇年代は，本当の豊かさを探し切れない親自身の，家庭への「不信感」に反発した子どもが多く見られたと思います。それは，家庭と対決する「個」として行動を起こしたのです[*7]（同書，p.64）。

(3) 学級・学校崩壊の時代へ

みてきたように、「荒れ」が外側の社会や大人に向けられた時期から、内側へと潜伏すると共に家庭への反発に向かうにつれ、学級崩壊の問題がわれわれの眼前へと立ち現れたといえよう。時期は90年代半ばからを指すと考えられるが、尾木直樹は自らが「学級崩壊」に注目し始めたのは、94年の春だと述べ（尾木、1999、p.13）、以下のように学級崩壊を定義している。

「小学校において、授業中、立ち歩きや私語、自己中心的な行動をとる児童によって、学級全体の授業が成立しない現象を『学級崩壊』という」（同書、p.30）。

尾木は、学級のもつ日常機能（生活・学習機能）の不全・解体状態ではなく、学級機能のそれにスポットをあてて上記の定義を提案しているが、定義が曖昧なままに数年を経たことが、「かえって本質を見誤らせることの原因になったようだ」（同書、pp.29-30）とも指摘している。仮に尾木の定義に従うならば、学級崩壊は小学校での問題に限定される[*8]。だが、筆者としては90年代半ば以降の子どもの「荒れ」の中心が、それまでの中高生から小学生以下へと低年齢化したというふうにも考えることができるように思う。

事実、データを取り始めたのが97年度からとはいえ、先述したように小学校での対教師暴力が、2006年度までは増加傾向を見せ続けてきた（図3-1）。またこの動きを予見するかのように、98年6月にNHKのスペシャル番組「学級崩壊」が放映され、この反響[*9]も手伝ってか各種メディアは90年代後半以降、学級崩壊というタームを頻繁に使い始め、学級崩壊は広く知られる概念として、定着していったのである。

3　学級崩壊の新局面──「荒れ」の背後に潜む問題──

(1)「荒れ」の新局面？

前節では、「荒れ」の低年齢化や質の変容を、大まかではあるがみてきた。そこで、ここからは「荒れ」の新局面に注目したい。それを端的に述べれば、荒れる子どもの背後には難しい親、いわゆる問題親の存在があるのではないか、

という認識である。

　嶋﨑（2008）は，学校崩壊*10というタームを，親による理不尽クレームと結びつけ，崩壊のエージェント（担い手）が，子どもたちだけではなくなっている今日的な「荒れ」の様相を説明している。つまり，80年代の校内暴力の担い手だった世代が，90年代半ば以降に保護者となり，その保護者らの子どもたちが学級崩壊の主たる担い手になったという構図である。管理教育への反旗という造反有理論をもって校内暴力を起こした元生徒たちにとって，教師は尊敬や畏敬の対象というよりは，たやすく反発・反抗できる対象となった。そうした，学校を尊敬せず教師を軽んじる気分が，かれらが保護者となった時に，その子どもへと自然に伝播していったと考えるのは，そう不思議なことではないだろう。

　加えて，ここで留意したいのは，学校を尊敬せず教師に畏敬の念を払わなくなった気分の担い手は，校内暴力の首謀者たる元生徒たちばかりではないということだ。たとえば同じ80年代に，優等生として学校を通過し，世間的にみれば成功を収めているような保護者にも，理不尽なクレームを学校につきつける人たちは存在する。こうした人々は，学校を尊敬しないばかりか，往々にして学校の教員を凌駕するかのような経歴*11をもつがゆえに，学校や教師を見下す態度を取り，子どものことにかこつけて理論武装して論破しにかかってくるので，学校にとってはより難敵とならざるをえない。

　図3-4は，2006年に関西Ｑ政令指定都市の一般教職員に対して実施された調査（回収数1695）であるが，3割強の教職員たちが保護者の対応に関して「大いに難しさを感じる」と答えている（問1）。また，無理難題な要求が「非常に増えている」という回答は4割弱に達し（問5），そうした無理難題な要求は95年以降とみに増えてきていることが示されている（問5SQ）。これらのデータからも，親が教師にとってのストレス因になっていることが窺われる。教師にストレスを与える親の事例については枚挙に遑（いとま）がないが，たとえば子どもが，教師に対して「殴ったら教育委員会に告発するぞ」と挑発するような場合であっても，その背後には，自分の子どもが通う学校の教師のクレームを，学校長や教育委員会に匿名で訴える保護者の陰が見え隠れしていることもあろう。

関西Q政令指定都市の一般教職員（回収数：1695）
問1　「保護者との関係の作り方」に常日頃難しさを感じているか（無回答：3）

あまり難しさを感じない（194）
| 大いに難しさを感じる (541) | 少し難しさを感じる (948) |
全く難しさを感じない（9）

問2　保護者からの「要望」「苦情」の内容が近年変化しているか（無回答：8）

あまり変化を感じない（102）
| 大いに変化を感じる (983) | 少し変化を感じる (597) |
全く変化を感じない（5）

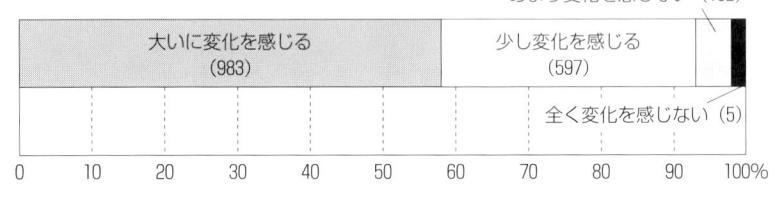

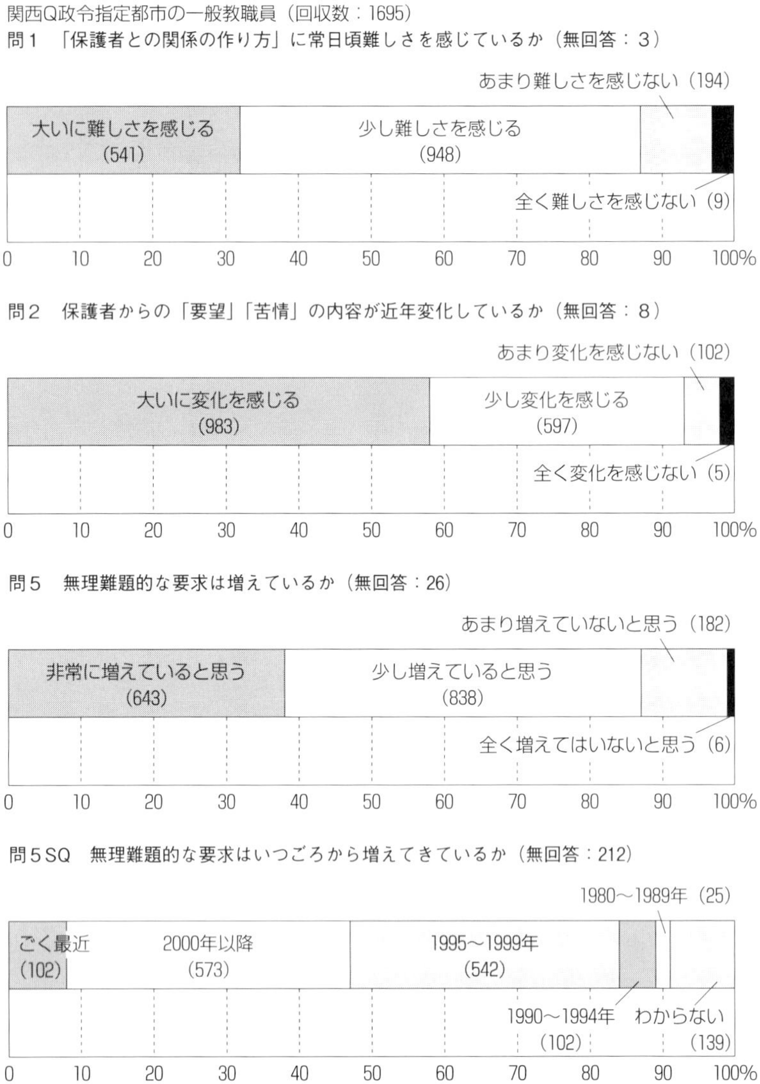

問5　無理難題的な要求は増えているか（無回答：26）

あまり増えていないと思う（182）
| 非常に増えていると思う (643) | 少し増えていると思う (838) |
全く増えてはいないと思う（6）

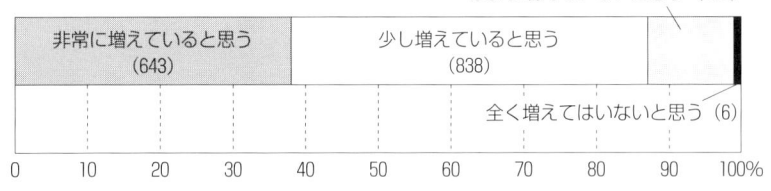

問5SQ　無理難題的な要求はいつごろから増えてきているか（無回答：212）

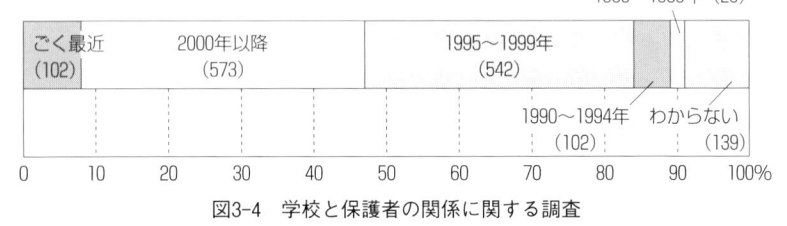

1980～1989年（25）
| ごく最近 (102) | 2000年以降 (573) | 1995～1999年 (542) |
1990～1994年（102）　わからない（139）

図3-4　学校と保護者の関係に関する調査

資料）小野田正利・大阪大学人間科学研究科教育制度学研究室「学校と保護者の関係に関する調査」
　　（2006年9月実施）
出所）小野田，2008，p.8

そのような，保護者による多種多様な攻め込みの増加も相俟って，教員の休職者中に占める精神疾患の割合が増加している。文科省公表のデータ[*12]によれば，鬱病などの精神疾患で平成20年度に休職した全国の公立学校の教員は，前年度より405人増の5,400人にのぼっている。この値は16年連続増で過去最多人数を更新しており，教員たちが追い込まれていることが窺われる。教員数に占める休職者数自体は1％未満であるはずなのに，休職者を分母にとり，彼らの休職事由を分子に置くと，平成18年度以降はその6割以上が精神疾患という状況が続いているのである。このような状況が続けば，特定のクラスの学級経営が立ちゆかなくなる学級崩壊という現象はもとより，バーンアウト等による休職教諭の分の校務が他の教諭に振り分けられ，結果，過剰な負担が限界にまで達し，学校現場が内側から崩壊するという現象すら，生起する恐れがあるといえよう。

　イチャモン親の研究で知られる小野田正利によれば，ストレスが昂じた教師たちが，「のむ・うつ・かう」と言うとき，それは飲酒・鬱・（宝くじを）買うという意味になるという（小野田，2005）。飲んで憂さを晴らそうとしても鬱に陥り，「もし高額宝くじに当選したら教師なんか辞めてやる」という現場からの叫びであるが，それほどまでに教師が苦しめられていることが窺えるブラックユーモアであり，子どもとの関係はもとより，それ以上に対保護者の問題で苦悶している教師のさまが，垣間見えるようでもある。

(2) 社会状況の変化―尊敬されなくなった学校・教師―

　これまでみてきた通り，学級・学校崩壊に至るプロセスにおいて，主要な役割を演ずるのは児童（生徒）ばかりではなく，図らずも保護者が加担する場合もあるというのが，今日的な「荒れ」の状況であった。だが，われわれは学級崩壊の犯人捜しをしているわけでもなければ，ましてやそれで問題解決できると考えるわけにもいかない。

　むしろ留意すべきは，学校や教師がここまで逆風にさらされることになった社会状況の変化を把捉することにもあるのではなかろうか。ではその社会状況とは何か。

社会学者の斎藤嘉孝は，親が以前には見られなかったような常軌を逸した行動を犯すようになった理由として，「①少子化の進展，②科学技術や社会制度の進歩，③母親の孤立」（斎藤，2009，p.31）の3点を挙げている。順に簡単に説明すると，まず①は少子化によって，1人ないし2人の子どもに親の愛情が集中することになり，その度合いが行き過ぎた時に，子どもを溺愛する余り，学校や教師を責める構図になるものと考えられる。

　次に②であるが，これはテクノロジーの進歩により，家電品などが進化し，家事労働の時間が短縮されるようになったことがひとつ。と同時に女性の社会進出が進んだ結果，かつて保護者が担ってきた子どもの初期社会化を，保育施設を含む外部機関に任せる者（特に母親）が増えたことがあげられる。この結果，学齢期になってもトレランス（耐性）が低く，学習へのレディネス（準備状態）が全くできてない子どもが生み出されることとなった。保護者の方は，手をかけて愛情をかけることから，過剰に子どものことを気にすることこそが，愛情をかけることである，と錯覚する者が増えてきた。したがって，ちょっと気になることがあると，即座に学校へのクレームへと向かう保護者が増えるに至った。

　そして③だが，核家族化が極にまで進み，祖父母と同居しないことはもとより，祖父母の子育てへの介入を厭う神経質な母親が，子育てにおいて孤立化していくという構図が想起される。加えて母親の孤立化には，仕事に忙殺され子育て中の妻の大変さに共感できず，子育てをシェアしてこなかった夫の存在も浮かび上がる。

　また，「ナナメの関係[*13]」を担ってきたと考えられる，ご近所さんたる地域社会の崩壊も大きい。そのなかで母親の孤立感が強まり，そのストレスのはけ口が学校や教師へのクレームへと向かうというのは，理解不能な事態ではない。そればかりかストレスが昂じて，あろうことか愛する子どもへの虐待へと向かう事例も見られることになる。

　このように，社会の変化が問題親の出現に拍車をかけ，結果的に学校や教師の相対的地位低下をもたらしたとみることができよう。

4 学校の新たな機能模索に向けて——まとめと提言に代えて——

　本章では，戦後教育の状況変化を睨みながら，大まかではあるが，校内暴力から学級・学校崩壊へと至る流れをみてきた。箇条書きふうにまとめれば，以下のようになろう。

　①非行少年の検挙人数などを併せ考えると，校内暴力のピークは80年代半ばまでと考えられ，この時期の荒れの主体は中・高生であり，反抗の対象は外向きで，また反抗理由も比較的可視化可能だったとみなせる。

　②80年代半ばから90年代半ばになると，いじめや不登校が急増するが，反抗の対象が内側の水面下へと沈潜し，反抗の理由も不可視的になっていく。

　③90年代半ば以降は，小学生による対教師暴力が漸増を続け，学級崩壊というタームが広く知られるようになる。荒れの主体および世間の関心は，中高生から小学生へと移り，立ち歩きなどで小学校の学級がアノミー（無規範）化する現象が報道され，社会問題化するに至る。

　④21世紀に入った今日，かつての校内暴力の主体だった世代が，小中学生の保護者の中核となり，一部の保護者による学校や教師を尊敬しない気分が昂じて，学校への理不尽なクレームが噴出するようになる。こうした学校を敬わない気分は，子どもにも伝播し，学校バッシングのなか，精神疾患による教師の休職者が増加を続けている。

　⑤だが，親や子どもが悪いという犯人捜しは無意味であり，そのような事態を招来した社会状況の変化をこそ，おさえる必要がある。

　このようにまとめたうえで，⑤に補足すると，大量消費社会に生きるわれわれは，コンビニエントなものに慣れ過ぎてしまっていることも自戒せねばならないだろう。学校は，コンビニエンス・ストアとは違って，欲求や要求がすぐに叶わないのは当然である。むしろ，思い通りにいかないことの方が多いことを，子どもはもとより保護者こそが肝に銘ずるべきであろう。そのうえでわれわれがなすべきことは何か。

注意したいのは，かつての学校の機能を復権するなどという風には考えないことであろう。これだけ学校や教員がメディアに晒され，ガラス張りになっている現今において，教師は児童・生徒を押さえつけてでも指導すべきだとするような考え方は，バッシングを受けこそはすれ，なかなかに通用しないであろう[*14]。

　先にも紹介した小野田は，メディアに煽られた造語であるモンスター・ペアレントという言葉を禁忌とし，あえてイチャモン親とネーミングしているが，怪物として親を同定し，双方の関係を遮断するのではなく，イチャモンの裏返しは連携であると説く（小野田，2005）。そのうえで，学校や教師へのイチャモンは，氷山の一角の単なる現象に過ぎず，本質は別にところにあるとする。要するに，本質は学校や教師へのそれまでの不満であったり，自身が子どもの教育で堪えきれないくらいのストレスを抱えていたりするところにあったりする，というわけだ。

　こうした細かな問題に学校が実際に対応することは，教師をますます疲弊させることに繋がりかねず，リスクを負うことは確かである。しかし，各機関が機能特化した欧米の学校とは異なり，地域社会が崩壊したといわれつつも，日本の学校はコミュニティのなかで人々と社会とを繋ぐ紐帯（ちゅうたい）[*15]のような役割を果たしているようにも思える。そうだとすれば，崩壊によって崩すべきものと再構築していくべきものとの峻別は必要だろう。ことによると，閉鎖性を帯びがちな学級王国を避けるために，小学校ですら全教科担任制を廃止したり，あるいは一斉授業も全廃してしまったりする。また，賛否両論はあるだろうが，藤原（2008）の実践に見られるような，PTAをいったん解体して地域本部として再生させた試みなども注視してみる必要があるだろう。

　学級崩壊という現象は，あるいは学校の新たな機能模索に向けての，ひとつのカタストロフィーだと考えるべきなのかもしれない。逆に，子どもの「荒れ」に囚（とら）われすぎる余り，その犯人捜しや子どもの心理的・身体的ケアにばかり目がいくと，それはかえって対症療法にしかならない恐れがある。むしろ，アノミーをも含む現今の社会状況の変容に照らし，学校が新たな局面で機能していくためには，不可避的なプロセスなのだと受け止めてみた時，問題の全体状況

が俯瞰でき，われわれはこの現象の核心へと迫ることができると考えられないだろうか。

　そう考えると，子どもの「荒れ」というアクションをきっかけに，親と教師が「ここは学校でやってほしい」とか「ここまでは家庭でやってきてほしい」とかという本音をぶつけ合い，関係性を再構築していく可能性を探ることはできないだろうか。もし決着がつかないようなら，地域の第三者の大人の意見も入れて調整を図るのである。迂遠(うえん)なようではあるが，そのような作業を通してこそ，新たな時代の学校の立ち位置ともいうべき新たな機能が，見えてくるに違いない。

考えてみよう

① 80年代の校内暴力の時期と90年代半ば以降の学級崩壊の時期とでは，子どもと教師との関係にはどのような変化が見られるだろうか。文献や資料などを頼りに検討を行い，その結果をまとめてみよう。

② 現時点で学級崩壊が起こったとき，もし貴方が学校長だとしたら，子ども，保護者，教師，地域に，どのような働きかけができるだろうか。自由に話し合ってみよう。

【注】

1　『新教育社会学辞典』による項目「校内暴力」（日本教育社会学会編　1986, p.293）の下記の記述をはじめ，各種文献などを参考に，そのように考えた．
　「校内暴力統計は1975（昭和50）年度（対教師暴力は1973（昭和48）年度）から公表されているが，以後補導人数は増え続け，1981（昭和56）年には1万人を超えた」．

2　『教職用語辞典』による項目「校内暴力」（原 編集代表，2008, p.198）などを参照．

3　文部科学省のWebサイト「生徒指導上の諸問題の現状　第2章　暴力行為（2000年12月報道発表）」より。(http://www.mext.go.jp/b_menu/shingi/chousa/shotou/003/toushin/001219b.htm, 2010.2.20)

4　桶川ストーカー殺人事件などが契機となって，警察が方針転換し，従来「前さばき」で処理していた事案を，事件として認知するようになった（河合，2005）。このため，1999年までと2000年以降とを単純比較できないという指摘がある。また，

認知件数増に連動して検挙率が下がり，それを考慮すれば寧ろ少年犯罪などは増えているのではないかとの批判もある。だが，検挙率の低い窃盗や横領などを攪乱要因として除外しても，やはり図3-2に示されるような3つの波の構造は変わらず，結果として少年犯罪に増加は見られず，2000年以降はさらに減少傾向にあるという説もある（http://kogoroy.tripod.com/hanzai-h19.html, 2010.2.20）。よって本稿では，図3-2を含めてその考えに則って論を展開した。

5 　1980年代当時，都内中学校で非行や校内暴力に取り組んでいた能重真作氏（元中学校教諭）の言。実証データをもとに主張する研究者の議論とは別の意味で，あえて紹介した。というのは，当時の教育実践の最前線に身を置いていた中学校教諭ならではの説得力とリアリティーをもちうると考えたからである。

6 　図3-3の参照サイト説明にもあるように，2006（平成18）年度に件数が激増しているが，これは定義の見直しと調査方法の変更などに因る。よってそれ以前では，95年度が1つのピーク（60,096件）を示していることは間違いない。

7 　NHK「日本の宿題」プロジェクトに寄せられた31歳の学生（当時）からのEメールによる。

8 　議論の別れるところではあるが，調べた限りでは学校崩壊はともかく，学級崩壊については，一般的には小学校での問題と考えてよかろう。たとえば，『教職用語辞典』の「学級崩壊」の項でも（原編集代表，2008, pp.73-74），小学校での現象が主にマスコミなどを通じて広く知られるようになっていった旨が，説明されている。

9 　同様に，朝日新聞社会部（1999）も反響を呼び，マスコミ用語だった学級崩壊という言葉が，流布するところとなった。

10 　本章では，学級崩壊に比して馴染みの無い学校崩壊というタームのついた文献，たとえば河上（1999）・松居（1999）・嶋﨑（2008）などをも，参考にしている。学校崩壊という用語の使用については，学級崩壊という言葉以上に慎重を要するが，学校崩壊という用語が流通していないこと自体，メディアや世間の関心が，幼児や小学生が立ち歩く学級崩壊の方に向いていることを示唆している，とは考えられないだろうか。もちろん学校崩壊が中学・高校，学級崩壊が小学校以下などと区分できるわけではない。しかし，子どもの「荒れ」の中心が中高生から小学生以下へ，そしてグループで仮想敵としての教師への可視的かつ外向きの反抗から，反抗対象が不明確かつ個別的でアノミー（anomie）的な様相を呈するもの—たとえば立ち歩きや私語による授業妨害など—へと，徐々に変容・変質していった風潮の変化は読み取れるのではあるまいか。その気分をメディアが察知し，校内暴力→いじめ，不登校→学級崩壊というセンセーショナルなタームで，世の中を図らずも煽る結果になったとみることは，あながち間違いとはいえまい。

11 　職業キャリアもさることながら，主として学歴・学校歴を指す。

12　文部科学省（初等中等教育局初等中等教育企画課）Webサイト，「平成20年度教育職員に係る懲戒処分等の状況について」，表13　病気休職者数等の推移（平成11年度～平成20年度）より．(http://www.mext.go.jp/component/a_menu/education/detail/__icsFiles/afieldfile/2009/12/25/1288132_13.pdf，2010.2.20)

13　子どもたちにとって，必然的タテの関係である親や，人為的なタテの関係である教師には反発を感じるが，第三者の社会的オジ・オバたる地域の人や友達のご両親などに指摘を受けると，子どもたちは不思議と素直に聴く耳を持てるという状況を指して，元杉並区立和田中学校長の藤原和博（2008，p.29）などが，メタファーとして用いている．

14　『学校崩壊』で有名な河上亮一（1999）などは，二項対立図式でしか教師と生徒をとらえていないとして，ノンフィクションライターの藤井誠二などから手厳しく批判されているのが，その傍証のひとつであろう．詳しくは芹沢ほか（1999，pp.219-222）を参照．他方，藤井によって肯定される教師像は，次のような発言に象徴的である．
　「否定されて困ったり悩んだりしているのはいいことだと思う．ほんとうにだめな先生というのは妙に自信をもっていて，子どもに否定されて怒ったり，逆ギレしたり，殴ったり，これは子どもが悪いんだというふうに一〇〇パーセント責任転嫁したりする人だと思うんです．そうじゃなく，子どもに裏切られてよくよするというのはいい」（同書，p.222）．

15　これについては，保護者と教師の「歯車が合わないというよりも，歯車が出合わないのである」（恒吉，2008，p.118）というような正反対の指摘もある．恒吉の観測によれば，今の日本の状況が変わらないとすると，クレームや訴訟が社会に散見される欧米社会と同様の問題が日本にも到来するという（同書，pp.118-119）．その主張の正当性およびそのような現象が生起すること自体に，筆者も反対するものではない．しかし本章では，残存する紐帯を確保し，形を変えてでも維持していくことの必要性の方に力点を置いた．

【引用参考文献】

朝日新聞社社会部編著，1999，『学級崩壊』朝日新聞社．
石井昌浩，2003，『学校が泣いている―文教都市　国立からのレポート』産経新聞社．
岩永雅也・稲垣恭子編著，2007，『新版　教育社会学』放送大学教育振興会．
NHK「日本の宿題」プロジェクト編，2001，『学校の役割は終わったのか』NHK出版．
尾木直樹，1999，『「学級崩壊」をどうみるか』NHKブックス．
小野田正利，2008，「学校に対する無理難題要求の急増　社会問題として」『教育と医学』2008年2月号（No.656）．
小野田正利，2005，「おおいた教育の日」制定記念大会（2005（平成17）年11月1日）講演録（「人と人が結びあえる社会であり続けるために～学校・地域そして保護者はどうあるべきか～」http://edu.oita-ed.jp/kyouikunohi/kouenkiroku.pdf，2010.2.20）．
河合幹雄，2005，「犯罪統計の信頼性と透明性」『学術の動向』2005年10月号．
河上亮一，1999，『学校崩壊』草思社．

斎藤嘉孝，2009，『親になれない親たち　子ども時代の原体験と，親発達の準備教育』新曜社．
嶋﨑政男，2008，『学校崩壊と理不尽クレーム』集英社新書．
清水一彦（代表）編著，2008，『最新教育データブック［第12版］　教育の全体像が見えてくる』時事通信社．
芹沢俊介・氏岡真弓・藤井誠二・向井吉人，1999，『脱「学級崩壊」宣言』春秋社．
恒吉僚子，2008，『子どもたちの三つの「危機」　国際比較から見る日本の模索』勁草書房．
浜井浩一，2007，「非行・逸脱における格差（貧困）問題―雇用の消失により，高齢化する少年非行」『教育社会学研究』第80集．
原聡介編集代表，2008，『教職用語辞典』一藝社．
広田照幸編著，2006，『リーディングス　日本の教育と社会③　子育て・しつけ』日本図書センター．
藤原和博，2008，『つなげる力』文藝春秋．
法務省，2008，『犯罪白書　平成20年版』．
松居和，1999，『家庭崩壊　学級崩壊　学校崩壊』エイデル研究所．
松居和，2001，『21世紀の子育て　日本の親たちへのメッセージ』エイデル研究所．
村上龍，2000，『希望の国のエクソダス』文藝春秋．

第4章 学校におけるいじめ

滝　充

1　いじめとは何か

　「いじめ」は単なる「暴力」とは異なる——ほとんどの日本人が，この指摘に同意することであろう。あえて「いじめ」という語を用いるのは単なる暴力としては扱いきれない何かがあるからで，両者の違いをうまく説明できるかどうかはともかく，感覚的にならば両者を区別できると考えている人々は少なくないのではなかろうか。

　にもかかわらず，いざ，いじめについて論じたり，対策を講じたりしようとすると，途端に両者の境界は曖昧になる傾向がある。たとえば，いじめがいかに深刻な問題かを説明するような時，具体例として挙げられやすいのは，ひどく殴られたり，多額の金銭を強要されたりといった，むしろ暴行や恐喝として扱うほうが適当と思われるような行為であったりする。また，その被害の深刻さを指摘する際に示されるのも，ケガの程度がいかにひどかったのか，奪われた金額がいかに大きかったのか，になる。要するに，一般的な暴力の枠組にひきずられ，そこにあるはずのいじめの特殊性が忘れられがちなのである。

　だが，言うまでもないことであるが，今，日本の子どもが巻き込まれているいじめの多くは，そうした暴行や恐喝のような形をとるわけではない。また，自殺にまで発展したいじめに限定しても，暴力を伴った事例が多いというわけではない[*1]。そもそも，いじめという語が教育問題として積極的に用いられ始めるのは，1970年代後半に多くの学校で見られた「校内暴力」が沈静化し始めた1980年代初めのことである。一般的な暴力が影を潜めていくなかで，旧来

からの暴力とは質の異なる攻撃行動が子どもの間に広がっていることに，一部の教育関係者が気づき始めたのが最初といえる[*2]。

すなわち，被害者が受ける精神的なダメージは旧来からの暴力による身体的なダメージに匹敵する深刻さであるにもかかわらず，旧来からの暴力のように直接に腕力を行使することは少ない。それどころか，1つひとつの行為自体を見ると些細なもの，取るに足らないことという印象すら与えるため，つい見過ごされたり，見落とされたり，軽視されたりしやすい。そして，それらの行為を規制しようにも，一般的な暴力を禁じるための法律は適用が困難で，旧来からの暴力対策も功を奏さない。そのような新しい形の攻撃行動が「いじめ」と呼ばれ，現在に至っているのである。

もちろん，いじめを一般的な暴力と区別して見ていこうとする慎重な姿勢に対して，「いじめと呼ぼうが暴力と呼ぼうが悪い行為であることに違いはないのでは？」といった単純明快な主張も成り立ちうる。だが，性質の異なるいじめと暴力を一緒にして話を進めることは，問題の解決や解消を送らせることに他ならない。たとえば，単なる暴力対策をいじめ対策の名の下に行なうことで，実質的ないじめ対策が行われなくなる可能性は高い。それどころか，一般的な暴力の陰に隠れていじめが見過ごされていく危険性も高くなる。

一般に，目に見える暴力と目に見えにくい暴力，目に見える恐怖と目に見えにくい恐怖，目に見える傷と目に見えない心の傷があった場合，人は目に見える方を深刻であると受け止めやすい。たとえば，児童虐待においても，子どもに愛情を注がないネグレクト（養育拒否）と呼ばれる行為は，殴ったり蹴ったりする行為と比べ，見過ごされたり軽視されたり，対応が後回しにされたりしやすい。ストーカー被害の対応が後手に回る事例が少なくないのも，同様の理由からであろう。しかし，ひどく殴られるほうが仲間はずれやいやがらせよりも深刻，などと決めつけられないことは，言うまでもない。

四半世紀以上前からいじめ問題に取り組んできた日本であるが，依然として各学校レベルの取組みは進んでいない。その理由のひとつにも，いじめ問題を一般的な暴力のイメージでとらえ，類似の対応で解決できると信じている人々が少なくない点を挙げることができよう。本章では，暴力や恐喝に分類したほ

うが適切と考えられるような行為ではなく，あくまでも「いじめ」として扱われるべき行為，一般の暴力と同様に論じたのでは本質を見失い対応を誤ってしまうような行為を取り上げ，論じていく。

2 いじめの実証研究の試みと，そこからわかったこと

(1) いじめの定義

　いじめ行為が「発見」され，論じられ始められるようになった1980年代以降，日本ではさまざまな調査研究が試みられてきた。そうした実証研究において，広く受け入れられている代表的な定義に「同一集団内の相互作用過程において優位に立つ一方が，意識的にあるいは集合的に他方にたいして精神的・身体的苦痛を与えること」（森田，1985, p.4）がある。旧来からの暴力やケンカとは一線を画し，さまざまな手口で行われる攻撃的行動を，広くかつ明確に掬い取るためにつくられた，優れた定義といえよう。文部科学省が毎年各学校に対して報告を求めているいじめの認知件数の照会の際に示されている「子どもが一定の人間関係のある者から，心理的・物理的攻撃を受けたことにより，精神的な苦痛を感じているもの」（平成18年度より用いられている）という定義も，これをベースにしていると考えて良い。

　それに対して，日本のいじめに相当するものと考えられている欧米のbullying研究において，多くの研究が依拠してきたものに，「力のアンバランス（非対称的な力関係）」のもとで「ある生徒が，繰り返し，長期に渡って，一人または複数の生徒による拒否的行動にさらされていること」，なお「ここでいう拒否的行動とは，ある生徒が他の生徒に意図的に攻撃を加えたり，加えようとしたり，けがをさせたり，不安を与えたりすること，つまり基本的な攻撃的行動の定義に含意されているもの」（Olweus, 1993, p.9）がある。

　両者に共通しているのは，ケンカのように対等に攻撃しあっているのではなく，一方的な攻撃になっていることを指摘している点である。また，結果的に共通するのは，行きずりの一過性のものではなく，行為が繰り返され，長引く点である。そして，ニュアンスの差が最も感じられるのは，精神的な攻撃が主

なのか，身体的な攻撃が主なのか，である。この違いは，先にも触れたとおり，「校内暴力」の沈静化後，旧来の暴力とは一線を画す形で扱ってきた日本のいじめに対して，複数の男子によって行われた暴力的非行 mobbing の延長線上に位置づけてきた欧米の bullying，といった違いが大きいといえる*3。

先にいじめと暴力の境界という点に触れたが，両者をいかに区別するかが曖昧という点では，欧米のほうがはるかに深刻といえよう。「繰り返し」と「力のアンバランス」が見られる攻撃的行動，という条件だけでは，日本人が感じているようないじめのニュアンスは到底表現できず，より幅広い行為を含み込んでしまう。実際，欧米の bullying 対策の中心は日本でいうところの暴力対策に他ならない。そのようななかで日本のいじめに相当する行為に焦点化したものに，「女子のいじめ（girl's bullying）」に関する研究がある。これは女性に特有な行為の研究というわけではなく，女子に顕著ではあるが男子でも行われる行為に関する研究である。この表現自体が，一般的な bullying と日本のいじめがいかにズレているのかを物語っているといえよう*4。

そうした日本と欧米の概念の違いを踏まえつつ，日本でいうところのいじめに焦点を当てた国際比較も可能なように作成されたのが次の定義である*5。

> みなさんは，学校の友だちのだれかから，いじわるをされたり，イヤな思いをさせられたりすることがあると思います。
> そうしたいじわるやイヤなことを，みんなからされたり，何度も繰り返されたりすると，そうされた人はどうしてよいかわからずにとても苦しい思いをしたり，みんなの前で恥ずかしい目にあわされてつらい思いをしたりします。
> これからみなさんに質問するのは，そうしたいじわるやイヤなことを，むりやりされた体験や，反対に弱い立場の友だちにあなたがした体験についてです。

以下では，この子ども向けに作成された定義を用いて国立教育政策研究所が実施してきた国内追跡調査と国際比較調査の結果を紹介しつつ，現時点までにどのような点が明らかになっているのかを紹介していこう。

(2) 国立教育政策研究所による調査

最初に，国内追跡調査と国際比較調査の概要について，簡単に説明する。

①調査方法

安定した比較が行えるという点から自記式の質問紙調査法を用い，児童生徒の変容を追跡できるよう記名式とした。ただし，記名式であるがゆえに教師や友人の目を気にして回答をためらうことのないよう，調査票の配付時にシール付き封筒を配付し，回答後は各自で速やかに封入できるよう配慮した。

②調査の時期

国内の追跡調査は，2004年から2006年にかけて，6月末と11月末の年に2回ずつ，すなわち新学期が始まってから（もしくは，夏休みが明けてから）3ヵ月弱の時期に計6回実施した。海外における調査は，オーストラリア，カナダ，韓国，アメリカの研究者の協力を得て，2004〜2006年の内の1年半の間に連続して3回，日本の調査時期に相当する時期に行った。

③調査の対象

国内追跡調査は，首都圏にあるひとつの市のすべての小学校（13校）と中学校（6校）に在籍する小学校4年生から中学校3年生までの全児童生徒で，1学年当たりの児童生徒数は概ね800名前後である。海外における調査は，1回目と2回目の調査を小学校5年生と中学校の1年生に相当する学年の児童生徒を対象に実施し，3回目は小学校6年生と中学校2年生の時点で実施した。1学年あたりの児童生徒数は100名以上とした。

④質問項目

いじめの被害経験と加害経験について，先に示した子ども向けの定義に続けて，以下のア〜カに示した6種類の形態ごとに質問した（ここで示した例は被害経験）。重要なことは，定義文にしても質問文にしても，「いじめ」あるいはbullying等の語を直接には用いていない点である。国や個人によってイメージが大きく異なる可能性の高い表現によるバイアスを避けるためである。

　ア．仲間はずれにされたり，無視されたり，陰で悪口を言われたりした
　イ．からかわれたり，悪口やおどし文句，イヤなことを言われたりした
　ウ．軽くぶつかられたり，遊ぶふりをして叩かれたり，蹴られたりした
　エ．ひどくぶつかられたり，叩かれたり，蹴られたりした
　オ．お金や物を盗られたり，壊わされたりした

カ．パソコンや携帯電話で，イヤなことをされた

なお，この６種類の選択に当たっては，これまでに世界各国で実施されてきた調査との比較可能性を維持しつつ，日本でいういじめに焦点化できるように配慮して決定した。たとえば，アは欧米の研究では「社会的（social）」あるいは「心理的（psychological）」，イは「言語的（verbal）」，ウ〜オは「物理的（physical）」，のように分類されることが多い。エやオは暴行や恐喝に相当しかねない行為ではあるが，海外では bullying の代表的な行為と考えられており，日本でもそれらをいじめの代表例と考える者が多少なりとも存在することから，実態把握の目的で含めた。ただし，エだけでは日本の実情にそぐわないことから，ウの項目と並置することにした。また，今では広く認識されるようになった「ネットいじめ」についても，カで尋ねている。

(3) 国内追跡調査の結果

では，国内追跡調査からどのような実態が描き出されたのか，国立教育政策研究所（2009）から重要な点を紹介していこう。

形態別経験率

図4-1と図4-2に示したのは，いじめの形態ごとの経験率の違いを比較できるように示した，小学校と中学校のいじめ加害経験率のグラフである。

ここから明らかなように，日本においていじめ行為の多数を占めるのは，「仲間はずれ・無視・陰口」「からかう，悪口」「軽くぶつかる・叩く・蹴る」であり，暴行や恐喝に近い行為は少ないことがわかる。そして，この傾向は女子において顕著である。また，図は省略するが，被害経験率について集計した場合にも同様の結果が得られる。

いじめの増減傾向

また，国立教育政策研究所（2009）では，2004年から2006年にかけて，目立った増減傾向は見られず，どの年にも似たような経験率が被害・加害ともに示されたことが明らかにされている。唯一の例外は，もともと経験率の低い「パソ

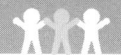

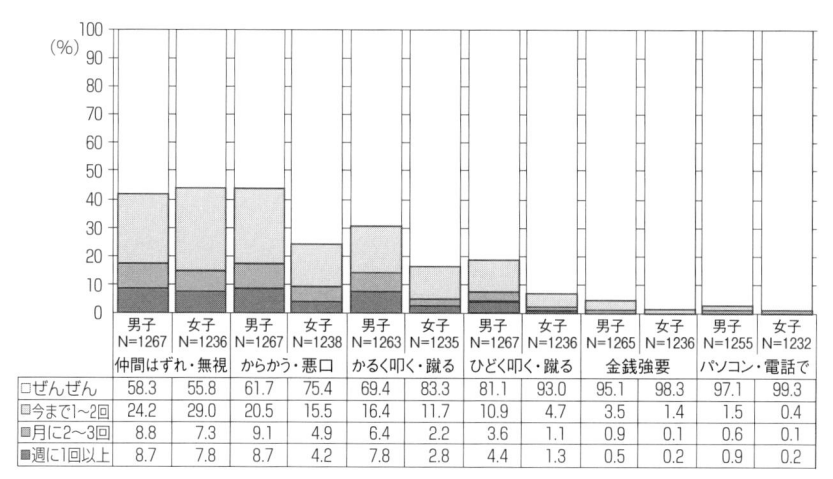

	男子 N=1267	女子 N=1236	男子 N=1267	女子 N=1238	男子 N=1263	女子 N=1235	男子 N=1267	女子 N=1236	男子 N=1265	女子 N=1236	男子 N=1255	女子 N=1232
	仲間はずれ・無視		からかう・悪口		かるく叩く・蹴る		ひどく叩く・蹴る		金銭強要		パソコン・電話で	
ぜんぜん	58.3	55.8	61.7	75.4	69.4	83.3	81.1	93.0	95.1	98.3	97.1	99.3
今まで1〜2回	24.2	29.0	20.5	15.5	16.4	11.7	10.9	4.7	3.5	1.4	1.5	0.4
月に2〜3回	8.8	7.3	9.1	4.9	6.4	2.2	3.6	1.1	0.9	0.1	0.6	0.1
週に1回以上	8.7	7.8	8.7	4.2	7.8	2.8	4.4	1.1	0.5	0.2	0.9	0.2

図4-1　小学生：いじめ加害：形態別経験率（2006年11月）

出所）国立教育政策研究所，2009，pp.18-19より作成

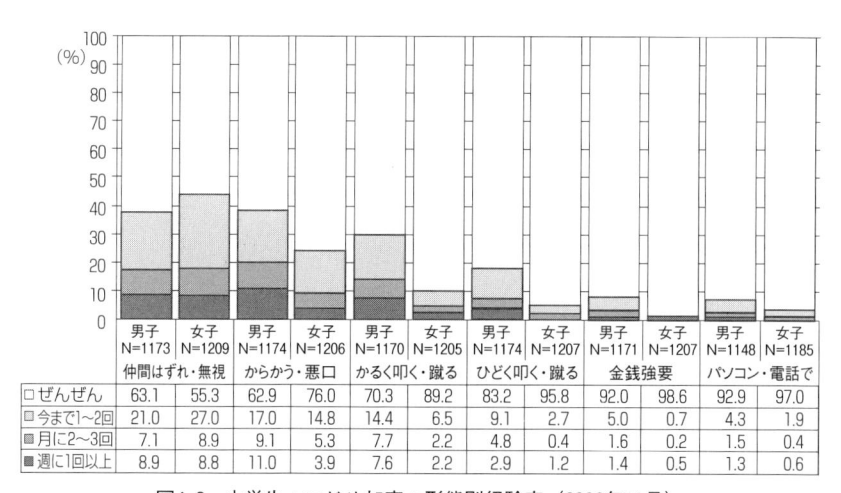

	男子 N=1173	女子 N=1209	男子 N=1174	女子 N=1206	男子 N=1170	女子 N=1205	男子 N=1174	女子 N=1207	男子 N=1171	女子 N=1207	男子 N=1148	女子 N=1185
	仲間はずれ・無視		からかう・悪口		かるく叩く・蹴る		ひどく叩く・蹴る		金銭強要		パソコン・電話で	
ぜんぜん	63.1	55.3	62.9	76.0	70.3	89.2	83.2	95.8	92.0	98.6	92.9	97.0
今まで1〜2回	21.0	27.0	17.0	14.8	14.4	6.5	9.1	2.7	5.0	0.7	4.3	1.9
月に2〜3回	7.1	8.9	9.1	5.3	7.7	2.2	4.8	0.4	1.6	0.2	1.5	0.4
週に1回以上	8.9	8.8	11.0	3.9	7.6	2.2	2.9	1.2	1.4	0.5	1.3	0.6

図4-2　中学生：いじめ加害：形態別経験率（2006年11月）

出所）国立教育政策研究所，2009，pp.22-23より作成

第4章　学校におけるいじめ

コン・電話で」が，携帯電話の普及を受けてであろう，多少の増加傾向を示したことである。2006年秋，いじめが社会問題化した際，一部のマスコミ等は「第3のピーク」といった表現を用いたが，そのような傾向を確認することはできなかった。

被害児童生徒と加害児童生徒

ところで，毎年，似たような経験率であったということからは，あたかも一部の同じ児童生徒が常に被害を受けていたり，反対に常に加害行為を行っていたりするかのような印象を受けるかもしれない。しかしながら，半年ごとに6回の追跡調査を3年かけて実施した結果から明らかになったのは，そうした推測が全くの誤りという事実であった。

図4-3に引用したのは，2004年度の中学校1年生が2006年度に3年生になるまでの被害経験の推移を実数で示したものである。ここからは，「週に1回以

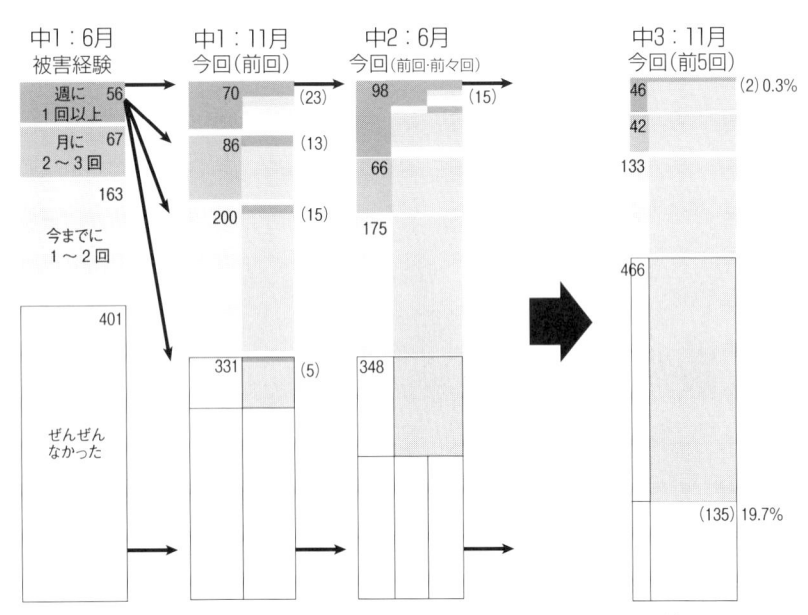

図4-3　中学生：いじめ被害経験の推移（2004年度中学1年生）
※灰色部分は内訳を省略したことを示す
出所）国立教育政策研究所，2009，p.8

上」の「仲間はずれ・無視・陰口」の経験をもった者は，毎回，かなりの数に上るにもかかわらず（56名，70名，98名，…，46名），半年後まで「週に1回以上」の経験が継続した者は多くなく（最初の56名は，半年後には「週に1回以上」23名，「月に2～3回」13名，「今までに1～2回」15名，「ぜんぜんなかった」5名に分かれる），3年間にわたってそれが続いた生徒は全体の0.3％に過ぎない（56名，23名，15名，…，2名）。反対に「ぜんぜんなかった」生徒も毎年半数以上存在しているにもかかわらず，それが3年間継続するのは2割以下にとどまる。つまり，全体の8割を超える生徒が3年間の間には何らかの被害経験をもつことが示されたのである。

こうした入れ替わりの傾向は，加害経験についても小学校段階の経験においても，またどの形態でも，同様であった。要するに，いじめの経験は，ほとんどの子どもが入れ替わりながら経験するものであり，一部の特定の児童生徒を被害者・加害者として想定していくのは誤りであることが明らかになった。

(4) 国際比較調査の結果

次に，国際比較調査からどのような実態が描き出されたのか，いくつかの研究から重要な点を紹介していこう。

被害児童生徒と加害児童生徒

かつての欧米の代表的なbullying研究の多くは，それ以前のmobbing研究の知見がそのままbullyingにも当てはまるものと信じ，加害行為を行うのは，問題のある家庭の出身者や気質に問題のある子どもであると考えていた。そして，長い間，この仮説に疑いが差し挟まれることはなかった。しかしながら，国立教育政策研究所主導で行ったオーストラリア，カナダ，韓国における追跡調査の結果からは，Taki *et al.*（2008, p.11）で示されたとおり，それらの国々においても日本と同様，常習的な被害者や加害者を見いだすことはできず，わずか1年半の間に被害者も加害者も大きく入れ替わることが示された。かつてのbullying研究の暗黙の前提は大きく崩れたといえる。

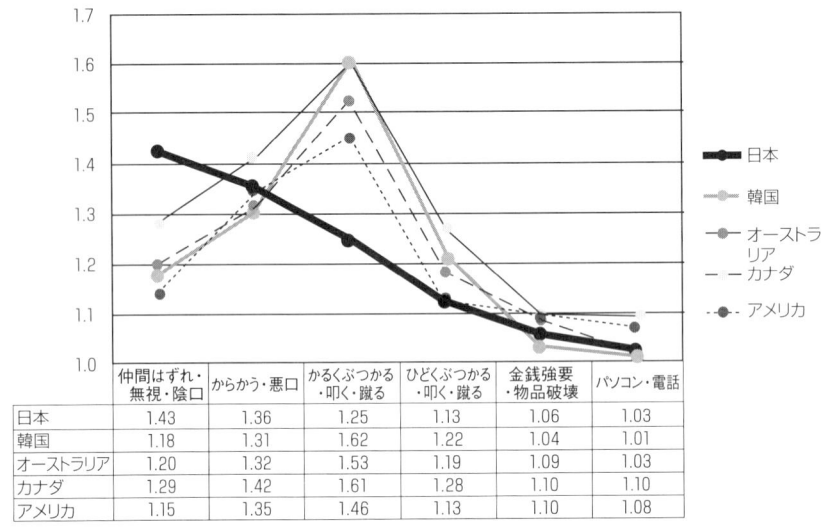

	仲間はずれ・無視・陰口	からかう・悪口	かるくぶつかる・叩く・蹴る	ひどくぶつかる・叩く・蹴る	金銭強要・物品破壊	パソコン・電話
日本	1.43	1.36	1.25	1.13	1.06	1.03
韓国	1.18	1.31	1.62	1.22	1.04	1.01
オーストラリア	1.20	1.32	1.53	1.19	1.09	1.03
カナダ	1.29	1.42	1.61	1.28	1.10	1.10
アメリカ	1.15	1.35	1.46	1.13	1.10	1.08

図4-4 小学5年男子:いじめ加害:形態別経験率:国別
出所) 滝, 2009, p.130

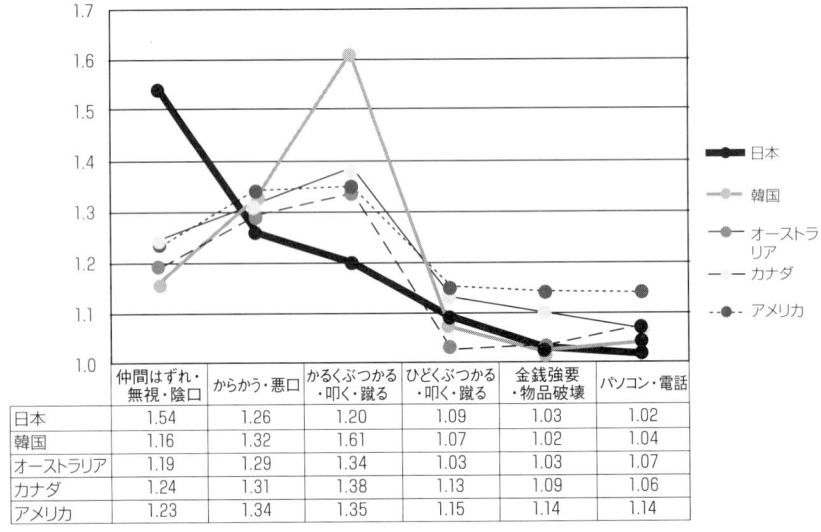

	仲間はずれ・無視・陰口	からかう・悪口	かるくぶつかる・叩く・蹴る	ひどくぶつかる・叩く・蹴る	金銭強要・物品破壊	パソコン・電話
日本	1.54	1.26	1.20	1.09	1.03	1.02
韓国	1.16	1.32	1.61	1.07	1.02	1.04
オーストラリア	1.19	1.29	1.34	1.03	1.03	1.07
カナダ	1.24	1.31	1.38	1.13	1.09	1.06
アメリカ	1.23	1.34	1.35	1.15	1.14	1.14

図4-5 小学5年女子:いじめ加害:形態別経験率:国別
出所) 滝, 2009, p.130

形態別経験率の比較

しかしながら、日本とそれらの国々における形態別の経験率には大きな違いがある。つまり、日本でいうところのいじめに焦点化するための新たな定義と質問紙を用いた場合でも、用いられやすい手口には国による違いが見られることが明らかになった。

図4-4と図4-5は、滝（2007）からの引用であるが、小学校5年生の1学期分の加害経験率の形態別比較を容易にするために、「週に1回以上」を3点、「時々」を2点、「なし」を1点として求めた平均値を、各国ごとに折れ線グラフで表示したものである。アメリカも加えた5ヵ国の比較から明らかなとおり、日本では圧倒的に高い平均値を示す「仲間はずれ・無視・陰口」は他の国ではさほど高くはないこと、「からかう、悪口」はさほど異なりはしないものの、「かるくぶつかる・叩く・蹴る」にしろ「ひどくぶつかる・叩く・蹴る」にしろ、暴力的な手口の平均値は日本よりも平均値が高い。日本においては、仲間はずれや無視はいじめの代名詞のようなものといえるが、欧米のbullyingの場合には、より暴力との見分けがつきにくい行為が中心といえる。

3 実証的研究が示唆するもの

かつて、いじめは日本の社会や風土に特有の事象であるとの主張がなされたことがある。しかし、似たような観点から問題視される行為は、海外にも存在している。ところが、それらを厳密に比較するには、言葉や文化の壁はもちろん、研究の歴史的経緯に由来する壁も立ちはだかる。それらを極力排除してなされた調査結果からは、なおも共通点と相違点とが示された。

日本でいういじめに相当する行為は海外でも行われており、しかも日本と同様、一部の特定の子どもだけでなく、多くの子どもたちが被害者になったり加害者になったりしながら行われていた。このことは、昔ながらの暴力研究や古いbullying研究が想定していたような、親の養育態度や個人的な資質等の短期間で変化するはずのない属性的要因をいじめやbullyingの原因とする見方が論理的に成り立たないことを意味する。もちろん、そうした要因が多少なり

とも影響を及ぼすことはあろう。しかし，それはそうした確率を高める形で影響を及ぼすリスク要因として扱うしかない。いずれにしても，1996年に出された日本の文部大臣の緊急アピール「深刻ないじめは，どの学校にも，どのクラスにも，どの子どもにも起こりうる」は，海外においても通用することが明らかになった。

　しかし，そうした行為のなかでどのような形態が主流になるかには，国による違いが見られた。他の4ヵ国の場合には「かるくぶつかる・叩く・蹴る」という多少なりとも腕力を行使する形の行為が際だって高かったのである。また，男女で多少の違いはあるにしても，「ひどくぶつかる・叩く・蹴る」や「金銭強要・物品破壊」についても，日本よりも高い国が見られた。これは，腕力の行使そのものに対する文化的な許容度の差を反映したものと考えてよかろう。

　たとえば，教師による体罰が日本と比べてはるかに容認されている韓国，腕力を誇示する若者文化の根強い北アメリカやオーストラリア，腕力を伴う犯罪率の高い北アメリカ，等の要因が，それぞれの手口の経験率の高さには関係している可能性は高い。また，昼食時や昼休みは教師も休憩をとる欧米の教師文化とそうした時間も子どもの様子に注意を払う日本の教師文化の違いも，影響していると思われる。

　要するに，同じように「いじわるをする，イヤな思いをさせる」にしても，どのような手口を選ぶかは，どこまでが合法的か，どこまでなら正当化できるかという判断によって変わりうる。誰もがいじめに巻き込まれるのは，そこでなされる行為がそれぞれの国においては「低リスク，高リターン」（加害者にとって，かける労力は少なく，罪の意識も伴いにくく，しかし相手に対するダメージは大きいもの）だからに他なるまい。その意味では，いわゆる「ネットいじめ」というのは最もいじめにふさわしい手口といえるかもしれない。

　国立教育政策研究所（2009, pp.10-11）には，どのような状況が生まれたときに子どもが加害行為に向かうのかを検討する資料として，身体的，抑鬱・不安，不機嫌怒り，無気力の4種類のストレス，そしてストレスの原因となる教師，友人，勉強，部活，家庭の5種類のストレッサーについて，いじめ加害経験との相関係数が示されている。もちろん，そこで指摘されているとおり，ス

トレスやストレッサーといった要因がいじめ加害の背景にあったとしても，それらがすぐさまいじめ行為に結びつくわけではない。いくらストレスが高くて，それを発散したいと感じたとしても，適当な相手（自分よりも弱くて，都合の良い口実・きっかけがある，等）や，適当な方法（自分にとっては簡単で，大人に見つかりにくく，見つかっても言い逃れができそうな，等）がなければ，加害行為に及ぶわけにはいかないからである。

ただ，ここから得られる知見として，いじめの未然防止に有効となる対策は，①ストレスの原因となるストレッサーを減らすこと，②ストレスがあっても行為に及ばないようハードルを高くする（規範意識を高める）こと，の二通りが中心になるであろうとの指摘は，参考になると思われる。

考えてみよう

① 今後，世界のいじめの形態別経験率は，北アメリカに見られるような腕力行使型に向かうと考えられるのか，日本のように被腕力型に向かうと考えられるのか？

② そもそも日本のいじめのような行為を学校から減らすことは不可能なのか，可能なのか？

【注】

1　子どもの自殺に関しては，家族が自殺として扱われるのを嫌う傾向もあり，正確な統計は存在しないと言われている。自殺といじめの因果関係については，さらにはっきりしない。ただ，TBSテレビ「みのもんたの朝ズバッ！」制作スタッフ編（2007, pp.92-97）の年表を見ても，いじめによる自殺は暴力を伴った場合に多いといったことは言えない。また，滝（2007, p.122）が指摘するように，いじめ自殺事件でよく知られている1994年に起きた大河内清輝君の事件でも，「木刀で叩く，川で溺れさせる等の暴行」や「多額の金銭強要」を伴ってはいたものの，彼が最終的に死を選ぶに至ったのは，そうした暴行や恐喝を受ける辛さや恐怖もさることながら，さまざまな被害を受け続けてきたことを隠し通せなくなったことが大きかったと推察される。

2　筆者の知る限り，教育関係で活字化された文献で「いじめ」を正面から取り上げたのは，『月刊生徒指導』1980年1月号が最初のものである。

3　近年では，欧米の著作に触れたり，研究者と交流したりする機会も多いので，辞

書の訳語を鵜呑みにすることなく，比較文化的な視点で検討する姿勢が求められよう。いじめと bullying の概念が生まれる経緯については，滝（2007, pp.121-123）を参照されたい。

4　Taki *et al.*（2008, p.4）は，「間接的な攻撃行動（Indirect aggression）」という概念を用い，欧米の bullying と日本のいじめの違いを説明している。

5　国立教育政策研究所（2006）。なお，この定義の元になっている定義は，滝（2004, p.49）の "Ijime bullying" の定義である。

【引用参考文献】

国立教育政策研究所，2006，『平成17年度教育改革国際シンポジウム「子どもを問題行動に向かわせないために―いじめに関する追跡調査と国際比較を踏まえて―」（報告書）』.
国立教育政策研究所，2009，『いじめ追跡調査2004-2006　いじめ Q&A』.
森田洋司編，1985，『いじめ集団の構造に関する社会学的研究』大阪市立大学社会学研究室.
TBS テレビ「みのもんたの朝ズバッ！」制作スタッフ編，2007，『サンデー毎日増刊　いじめ緊急レポート　死んではいけない』毎日新聞社.
滝充，2004，「'Ijime bullying'：その特徴と発生要因」『国立教育政策研究所紀要』133集.
滝充，2007，「Evidence に基づくいじめ対策」『国立教育政策研究所紀要第』136集.
Olweus, D., 1993, *Bullying at school: what we know and what we can do*, Oxford: Blackwell Publishers（松井・角山・都築訳，1995，『いじめこうすれば防げる』川島書店）.
Taki, M., Slee, P., Hymel, S., Pepler, D., Sim, H. and Swearer, S., 2008, A new definition and scales for indirect aggression in schools: Results from the longitudinal comparative survey among five countries, *International Journal on Violence and School*, No.7.

第5章 少年犯罪，非行

浜島 幸司

1 はじめに：昨今の少年犯罪報道

　新聞・テレビ・インターネットに少年による犯罪が大きく報道されている。たとえば，下と次ページに示した記事は，それぞれ別の事件であるが，どちらも新聞に掲載されたものである。

　紙面での扱いの大きさ，踊る見出し，そして「逮捕」「殺人容疑」の文字を見れば，読者としてドキッとするのが当然の反応だろう。普段生活しているなかでは，このような事件は日常では遭遇することはない。しかし，記事に目を通すほど，少年の犯罪，非行をはじめとする事件が起きている現代社会に不安や怖れを〈直感的に〉感じてしまうかもしれない。物騒な世の中を感じさせる。

　本章では，少年犯罪，非行について，〈直観的に〉ではなく，〈客観的に〉考えていきたい。〈直観的に〉見るだけでは，物事に対し，一面的な理解しかで

偽札使用容疑で中学生2人逮捕　　　大　阪

　カラーコピー機で偽造した1万円札を使ったとして，大阪府警寝屋川署は18日，同府寝屋川市内の市立中学生の少年2人（いずれも15歳）を偽造通貨行使の疑いで現行犯逮捕した。いずれも「遊ぶ金がほしかった」と容疑を認め，うち1人が「お札を自宅のコピー機で複写し，表裏を張り合わせて作った」と供述しているという。

　逮捕容疑は同日午前8時40分ごろ，市内の食料品店で，偽造した1万円札1枚を経営者の女性（67）に渡し，サンドイッチ1点（198円）を購入した，としている。

　同署によると17日午前にも，この2人とみられる少年2人が同じ店で同様の偽札を使って牛乳1本（126円）を購入し，釣銭9874円を受け取っていた。18日に再度，2人が来店した際に110番通報した。【茶谷亮】

毎日新聞　2010年1月19日（朝刊社会面より）

読売新聞　2008年3月26日（夕刊より）

きない。まずは，少年犯罪，非行といった逸脱について確認する。これまでの犯罪に関する主要統計，戦後からの変化を探る。最後に，現在の少年犯罪，非行の特徴について触れたい。

2　犯罪とは何か

　辞書で「犯罪」を調べると，「罪を犯すこと。また，犯した罪。法律上は刑法その他の刑罰法規の規定により，刑罰を科される行為をいう」（『大辞林（第二版）』三省堂）となっている。法律を破ることが犯罪なのである。現時点では，殺人も，傷害も，20歳未満の飲酒・喫煙も法律違反となり，これらはすべて犯罪ということになる。

法律は時代によって変わるものでもある。飲酒・喫煙も，時代の判断によって変わりうる。たとえば，1940（昭和15）年の7月に「奢侈品等製造販売制限規則」が実施された。難しい名称であるが，これは当時，日本が戦争中につき，ぜいたく品とみなされる商品の製造・販売を禁止した法律である。禁止される商品として，「指輪」，「ネクタイピン」，「シャープペンシル」などの品目が並ぶ。現在，私たちが何気なく購入しているこれらのものも，当時購入していれば，「罪を犯した」ことになる。違反者は「輸出入品等臨時措置法第五条により一年以下の懲役または五千円以下の罰金に処せられる」とある。

　社会学においては，この側面が強調される。「社会学的には，その行為が抑圧的制裁によって強く規定されている行為を「犯罪」と考える。犯罪だから処罰されるのではなく，処罰される行為が犯罪」（濱嶋・竹内・石川編，1997，p.508）なのである。ある行為を犯罪と社会がみなすことで，犯罪が生じるということになる。

　社会によって，時代によって，何を犯罪とみなすのか，法律も人々の意識・ものの見方（まなざし）も変わる。たとえば，少年犯罪，非行を考えていく際には，「少年法」という法律が深く関わってきている。子どもの扱い方，犯罪者の処罰の仕方を示した法律であり，社会状況によって内容も変わった。これは後ほど，取り上げることにする。

3　少年による犯罪，非行

(1) 犯罪のタイプ

　日本社会において，犯罪を取り締まる専門組織が警察である。警察が現行の法律に則り，少年犯罪・非行を取り締まっており，具体的な犯罪・非行・検挙データを集約している。取り締まられるべき行為をしていたとしても，警察に検挙されなければ，カウントはされない。この欠点はあるものの，犯罪・非行の実態を知るには有益なデータとなっている。警察は国民に向けて，これらのデータを全部ではないが公表しているので，それを確認することができる。図5-1は，警察が少年犯罪の種類についてまとめたものである。

```
（包括罪種）    （罪種）        （内訳罪名）

凶 悪 犯 ─┬─ 殺    人 …… 殺人罪，嬰児殺，組織的殺人罪，組織的嬰児殺，
          │                   殺人予備罪，自殺関与罪
          ├─ 強    盗 …… 強盗殺人罪（致死を含む。），強盗傷人罪，
          │                   強盗強姦罪（致死を含む。）
          │                   強盗罪・準強盗罪（強盗予備，事後強盗，昏酔強盗）
          ├─ 放    火 …… 放火罪，消火妨害罪
          └─ 強    姦 …… 強姦罪，強姦致死傷罪，集団強姦（致死を含む。）

粗 暴 犯 ─┬─ 凶器準備集合 …… 凶器準備集合罪，凶器準備結集罪
          ├─ 暴    行 …… 暴行罪
          ├─ 傷    害 …… 傷害罪，傷害致死罪，現場助勢罪
          ├─ 脅    迫 …… 脅迫罪，強要罪
          └─ 恐    喝 …… 恐喝罪

窃 盗 犯 ─── 窃    盗 …… 窃盗罪

知 能 犯 ─┬─ 詐    欺 …… 詐欺罪，準詐欺罪
          ├─ 横    領 …… 横領罪，業務上横領罪
          ├─ 偽    造 …… 通貨偽造罪，文書偽造罪，支払用カード偽造罪，
          │                   有価証券偽造罪，印章偽造罪
          ├─ 汚    職 …… 賄賂罪（収賄罪・贈賄罪），職権濫用罪（致死傷を含む）
          ├─ あっせん利得処罰法 …… 公職にある者等のあっせん行為による利得等の処罰に関する法律に規定する罪
          └─ 背    任 …… 背任罪

風 俗 犯 ─┬─ 賭    博 …… 普通賭博罪，常習賭博罪，賭博開張等罪
          └─ わいせつ …… 強制わいせつ罪（致死傷を含む。），公然わいせつ罪，
                               わいせつ物頒布等罪

そ の 他 ─── 上記以外の罪種
```

図5-1　少年犯罪の種類

出所）警察庁 HP より（http://www.npa.go.jp/safetylife/syonen38/syonenhikou_h20.pdf）

一口に少年犯罪といっても，図5-1のように「凶悪犯」「粗暴犯」「窃盗犯」「知能犯」「風俗犯」「その他（たとえば，薬物犯など）」と多岐にわたる。冒頭の記事に示した「凶悪犯」や「粗暴犯」に該当する事例に目がいきがちであるが，犯罪とみなされる行為は多数あり，警察の取り締まる対象となっている。

(2) 近年の犯罪件数，不良行為件数

2008（平成20）年の「刑法犯（法を犯した）少年[*1]」の人数と，犯罪種別の内訳は，図5-2となっている。

2008（平成20）年には，犯罪少年が90,966人いた。内訳は，「凶悪犯」が956人（1.1％），「粗暴犯」が8,645人（9.5％），「窃盗犯」が52,557人（57.8％），「その他」が28,808人（31.7％）となっている。少年犯罪の圧倒的多数は，「窃盗犯」「その他」なのである。

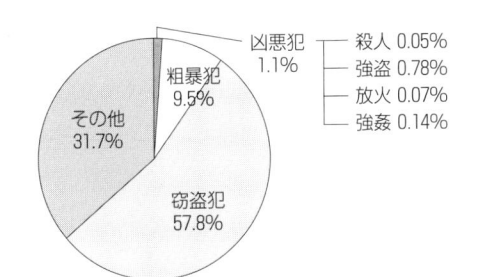

総　数（人）	90,966
凶　悪　犯	956
殺　　人	50
強　　盗	713
放　　火	66
強　　姦	127
粗　暴　犯	8,645
窃　盗　犯	52,557
そ　の　他	28,808

＊「その他」は，知能犯，風俗犯及びその他の刑法犯の合計をいう。

図5-2　少年犯罪（平成20年）の構成比

出所）警察庁HPより（http://www.npa.go.jp/safetylife/syonen38/syonenhikou_h20.pdf）

そして，法に触れていない非行少年の実態になるとさらに人数は増える。少年非行の中心的な定義は，犯罪行為のほかにも，「14歳未満の少年による触法行為。20歳未満の少年のぐ犯」（小林編，2008，p.2）も該当する。さらに「警察では，これらの行為に至る前段階の行為としての喫煙，深夜徘徊，家出，怠学等を不慮行為と呼んで，街頭補導といった補導活動の対象」（小林編，2008，p.3）として，広義の少年非行に含まれている。図5-3にあるように，不良行為による補導された人数は，1,361,769人である。このように補導される者が，

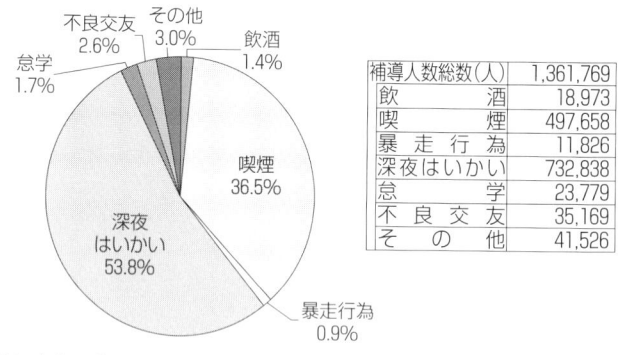

補導人数総数(人)	1,361,769
飲　　　酒	18,973
喫　　　煙	497,658
暴　走　行　為	11,826
深夜はいかい	732,838
怠　　　学	23,779
不　良　交　友	35,169
そ　の　他	41,526

注）本表の「その他」には，薬物乱用，粗暴行為，刃物等所持，金品不正要求，金品持ち出し，性的いたずら，家出，無断外泊，不健全性的行為，不健全娯楽，が含まれる。

図5-3　不良行為少年の様態別構成比（平成20年）
出所）警察庁HPより（http://www.npa.go.jp/safetylife/syonen38/syonenhikou_h20.pdf）

100万人を超えているが，内訳を見れば，「深夜はいかい（徘徊）」（53.8％），「喫煙」（36.5％）が，その多くを占めている。

　警察が，犯罪として扱う行為について，取り締まる範囲の行為の位置づけにもとづいて，刑法犯少年・不良少年へと振り分けられる。

　この2つの図から，①補導される少年が多い，②それに比べて法に触れる少年は多くはない。これが近年の警察が提示する少年犯罪の具体的データから見えてくる姿である。

(3) 少年犯罪件数の推移

　少年犯罪は昔と比べて，増加しているのか，それとも減少しているのか。法務省が刊行した平成20年度版『犯罪白書』では，1946（昭和21）年から2007（平成19）年までの「少年刑法犯検挙人員」を比較している。このデータから考えてみよう（第3章，図3-2）。

　第3章の図3-2を再見していただきたい。棒グラフの部分を見ると，右端の2007（平成19）年は，前年に比べて検挙されている少年の数が低いことがわかる。これを時系列的（左の棒に注目）に見れば，2003（平成15）年以降，一貫して減少していることもわかる。

平成20年度版『犯罪白書』では,「少年刑法犯検挙人員の推移には,昭和26年の16万6,433人をピークとする第一の波,39年の23万8,830人をピークとする第二の波,58年の31万7,438人をピークとする第三の波という3つの大きな波が見られる」(法務省,2008,p.18) とある。

　この3つの波を日本社会の経済状況と照らし合わせてみると,第一の波は,戦後の混乱期にあたる。第二の波は,高度経済成長期にあたる。第三の波は,低成長期からバブル期への移行時期にあたる。なぜ少年たちは罪を犯したのか。犯罪をしやすい環境が作られていったのではないかと推察できる。社会秩序の混乱と貧困のなかから,生活維持のために犯罪に手を染めざるを得なかった状況（第一の波）があった。「豊かな社会」に移行し始めて,産業化・都市化・高学歴化の風潮（第二の波）が少年たちに犯罪を促した。高度経済成長は終わったものの,社会構造が安定したなかで,生活は満たされながらも,旧来の価値規範が崩れた（第三の波）。

　1990年代以降,時代は,バブルの崩壊,「失われた10年」,実感のない長期の好景気を経験して,不況の現在に至っている。少年犯罪の数は,1997（平成9）年〜98（平成10）年に一時的に増加の兆しはあったものの,減少傾向となっている（第3章図3-2の棒グラフ・折れ線グラフ［少年人口比］参照）。第三の波の後,第四の波が来た様子は見られない。

(4) 時代による少年犯罪種別の変化

　少年犯罪のピークは戦後三度あった。先にみたように,少年犯罪といってもその種別は多様である。戦後以降,時代によって犯罪傾向は変わったのだろうか。

　図5-4は,「凶悪犯罪（強盗・殺人・強姦・放火）」の合計の推移を示したものである。図のように,「凶悪犯罪」件数は,第二の波の時期が多く,それ以降はいちじるしく減少している。高度経済成長が終わるとともに,凶悪犯罪も減少していったのである。

　「窃盗」について,同様に推移を示したものが図5-5である。「窃盗」の件数が増加したのは第三の波の時期である。とりわけ「自転車」の窃盗が多くなった（当然,取締りも強化された）のではないかといわれている[*2]。

第5章　少年犯罪,非行　　71

このように少年犯罪は、かつて「凶悪犯罪」件数が多かったものの、近年では「窃盗」「その他」が増加した。現在でも、この２項目が多くの割合を占めている。

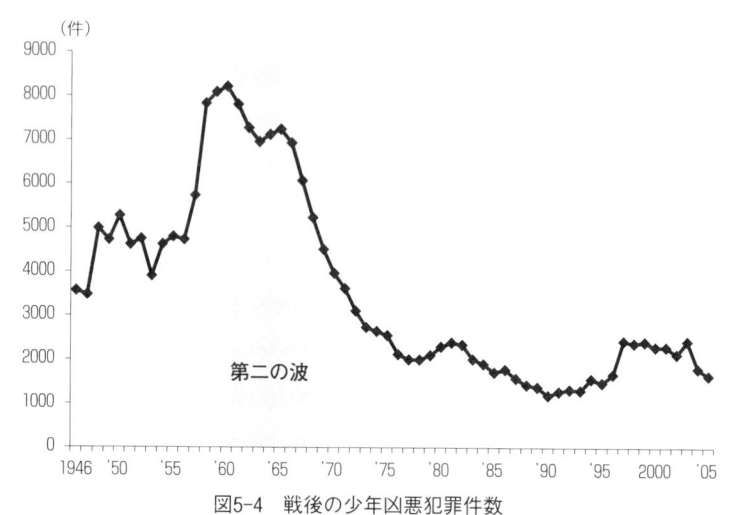

図5-4　戦後の少年凶悪犯罪件数

資料）マッツァリーノ，2007，p.32をもとに，『犯罪白書』からデータ加筆（～ 2005年）
注）網掛け部分は「第二の波」の時期を示す

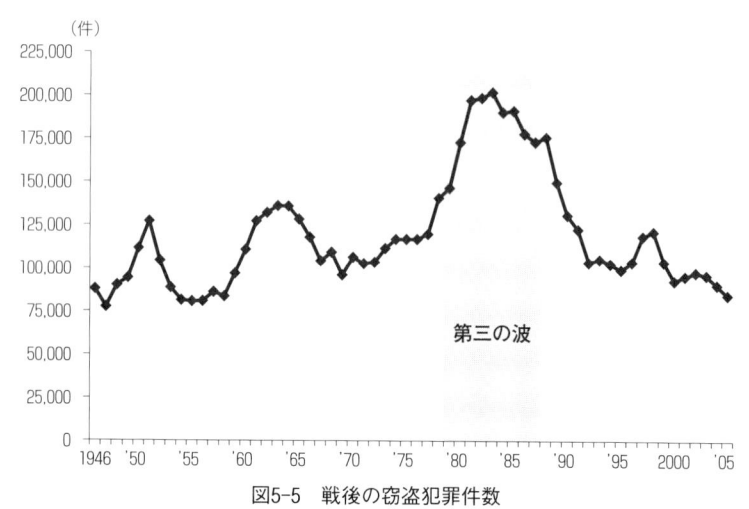

図5-5　戦後の窃盗犯罪件数

資料）マッツァリーノ，2007，p.53をもとに，『犯罪白書』からデータ加筆（～ 2005年）
注）網掛け部分は「第三の波」の時期を示す

4 子どもへのまなざしの変容

(1) 社会不安を煽る少年犯罪

　このように，少年犯罪数が減少，そして凶悪犯罪も減少しているにもかかわらず，テレビや新聞では少年犯罪の増加・凶悪化が語られ続けている。

　図5-6に示したように，「最近，少年非行が問題となっていますが，あなたの実感として，こうした少年による重大な事件が以前に比べて増えていると思いますか，減っていると思いますか」という項目で，世論調査を行えば，圧倒的に「増えている」と答えている。とくに，「かなり増えている」については，2001（平成13）年よりも，この調査がなされた2005（平成17）年で，回答割合が多くなっている。

　牧野（2006）は，昔に比べて少年の殺人が減少傾向にあるにもかかわらず，1997年を境に朝日新聞では，少年の殺人事件報道が多くなったことを調べている（図5-7）。1997年には神戸で14歳による児童殺傷事件があり，「14歳」，「心の闇」といった見出しで，マスメディアを賑わした。実態としての少年の凶悪犯罪の増加ではなく，印象としての凶悪犯罪の拡大がみられる。

　語られる当事者である青少年（16-29歳）へのアンケートを行ってみれば，彼らの規範・道徳意識が高いことが確認されている（浅野編，2006）。なぜ，実態

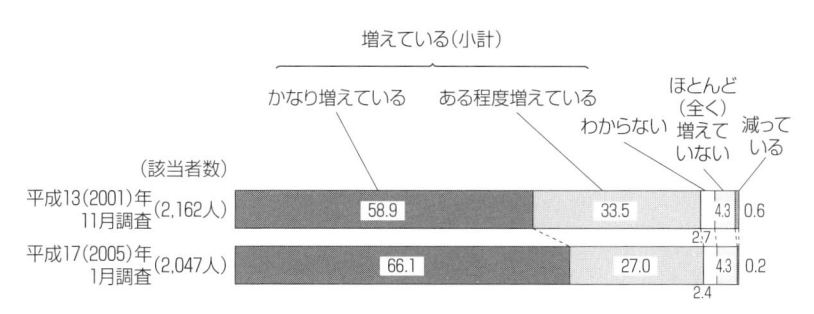

図5-6　少年非行は増加しているか

出所）内閣府大臣官房政府広報室，2005 (http://www8.cao.go.jp/survey/h16/h16-shounenhikou/images/z01.gif)

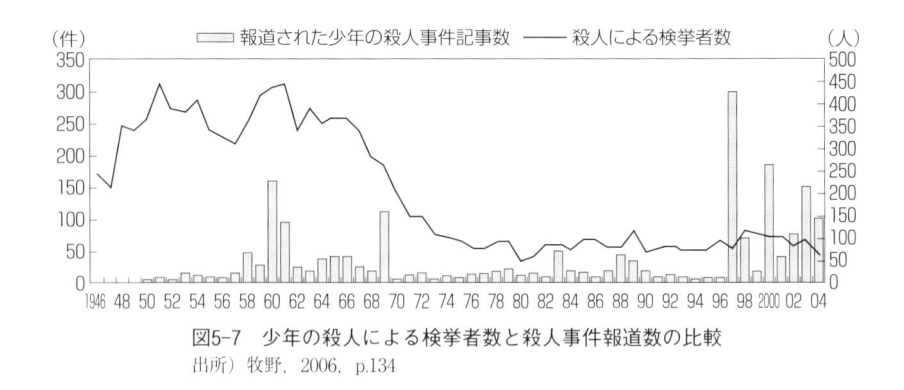

図5-7　少年の殺人による検挙者数と殺人事件報道数の比較
出所）牧野，2006，p.134

とかけ離れた子ども・少年・青少年たちへのまなざしが正当化してしまうのだろうか。

　ここで少年へのまなざしが変わった大きな転換点として「少年法」の一部改正をあげることができよう。これまでの少年法では，子どもは「保護される」対象だった。しかし，2007（平成19）年と2008（平成20）年の二度にわたる法改正によって，子どもは「管理される」対象へと変わっていった（広田，2000；芹沢，2006ほか）。

(2)「14歳」から「12歳」へ

　戦後の少年法は1948（昭和23）年に制定された。戦前の旧少年法を全面改定し，未成年者の犯罪に対して原則として家庭裁判所で保護更生のための処置を下すことを規定している。成人同様の刑事裁判を下すこともあるとはいえ，少年を保護する目的で制定された法律である。少年に対して，保護する目的としたのは，子どもが成人と異なり人格が未発達ということと，その後の長きにわたる彼らの将来を思ってのことである。

　この少年法は，半世紀後の2000年に大改正され（2001年施行），刑事罰対象年齢が16歳以上から14歳以上になった。そして5年後見直しの後，2007年に一部法改正された[*3]。これにより「14歳以上」だった少年院送致の対象年齢は「おおむね12歳以上」となり，基準年齢がさらに下がった。つまり，小学生であっても法を犯せば，大人同様，厳罰に処される[*4]。子どもだからといって，そ

の罪を酌量し，保護更生を優先することはなくなる。

　戦後の大人たちは，子どもを未熟な大人として認知し，子どもの粗野で乱暴な振る舞いに対しても寛容な姿勢を示していた。「子どものやったこと」と目をつぶる余裕があったのである。子どもの過ちを許すことができる，大人そして社会からの「まなざし」が存在していた。

(3) 管理される子どもたちと学校化社会

　近年，「子どものやったこと」の責任は自分（子ども自身）が負うべきとの時代になってきた。戦後直後の社会と異なり，明日の生活がわからないなどの混乱のない，安定を前提とした，いわゆる成熟した社会では，子どもたちの過ちに寛容の姿勢は見られない。子どもたちには，早期から社会のルールを理解してもらい，社会の一員としての参加が奨励される。彼らには学校を中心に教えられる必要な知識の効率的な習得が求められ，無遅刻・無欠席であることはいうに及ばず，詳細な校則が記すように，組織の規律に従うことを顕在的なカリキュラムを通じて要求されている。加えて，教師の言動や集団規範を通じて，知識・規律・意識・行動規範などが，生徒の意図しない形で教えられていく，潜在的なカリキュラムの効果もある。

　かつて，社会のなかに「学校」が存在した。社会で必要な知識を培うことを目的に学校が用意された。学校生活に反抗する非行少年たちは，社会に出て，自分の居場所を探すという道が残されていた。しかし，現在では「学校」のなかに社会がある（イリイチ，1977）。子どもたちの居場所は学校にあり，卒業までの間，学校生活への適応が非常に重要になる。このように，学校を前提とした社会（＝学校化社会）では，子どもたちに社会のルールを教え込み，管理を徹底する機能がある。

(4)「社会不安」の構築

　少年犯罪の凶悪化，少年非行の増加は，データを見る限り，反対傾向のように思われる。しかし，人々には少年犯罪の凶悪化，少年非行の拡大が信じられており，少年に対する「社会不安」が共有されている。

ある状態が「社会問題」として仕立て上げられることで，初めて「社会問題」として顕在化する。社会学では「構築主義」と呼ばれる分析枠組み（ものの見方）である。この見方に立つと，ある状態が，なぜ「社会問題」として成立してきたのかを原因を探し出し，根拠となるデータを用意して，客観的に論じることができる。そうするとある状態を「社会問題」とする集団の利害関係が見えてくるのだ。

「少年犯罪の凶悪化，少年非行の増加」を「社会問題」とすることで，社会に不安を煽ることができる。不安を煽られた人々は，結束し，自分たちの生活を守ろうとする。たとえば，周囲に監視カメラを設けたり，少年に対しての規制を厳しくしたりする。住宅地・商店街の治安を守るため，自主的に警備を強化することもある（浜井・芹沢，2006）。不安の共有によって，希薄化した社会の結びつきへ活気が与えられていく。

少年犯罪，少年非行は，法律や警察といった専門的な次元で取り扱われる現象だけではない。構築された少年への「まなざし」の変化が，社会の維持のために利用されていると見ることで，現代社会のありようを探ることができる。

⑤ おわりに

現代の少年犯罪，非行について〈客観的に〉考えてみた。そもそも大多数の少年たちは，犯罪・非行と関わっていない。警察の統計に目を通せば，いつの時代にも凶悪犯罪はあった[*5]。非行少年は，昔のほうが多かった。

テレビ・新聞の情報では，少年犯罪は，事件の内容を感覚的に取り上げられている。〈直観的に〉情報に接すれば，不安や怖れを感じてしまうかもしれない。社会学的な見方は，事件の背景だけでなく，根拠となるデータにもとづき，視野を広げた立場で，〈客観的に〉少年犯罪，非行を扱うことができる。

本章は，少年の逸脱現象から見える現代日本社会の姿を描いてみた。少年犯罪，非行が，今後の私たちの生活にどのように関係しているのか，引き続き注目していくことにしよう。

> **考えてみよう**
>
> ① 少年犯罪，非行を，新聞をはじめマスメディアはどのように報道しているのか。インターネット・図書館を使って実際に調べて確認してみよう。
>
> ② 犯罪少年の動機についても理解してみよう。時代や家庭環境による違いに意識してみよう。
>
> ③ 戦後に成立した少年法が90年代以降2度も改正されたのはなぜなのか。その内容と経緯について，文献などを調べて，考えてみよう。

【注】

1 ここでいう少年とは，「少年法」2条1項に定義されている20歳未満の男女を指している。

2 「少年刑法犯に「横領」があることを説明しておきましょう。未成年が毎年2万件以上の横領事件を起こすのは，ベンチャー起業家の低年齢化が進んでいる証拠です——というのはもちろんウソで，じつは，正式には占有離脱横領といい，なんのことはない，放置自転車の乗り逃げなのです」(マッツァリーノ，2007，pp.52-53)。

3 改正された内容の概要は法務省のホームページもしくは『生徒指導資料第1集(改訂版)』(国立教育政策研究所生徒指導研究センター，2009，p.100)に詳しい。

4 厳罰化の波は，少年に対してだけではない。近年の死刑判決の多さ，飲酒運転の取り締まり等，治安維持が強固になされている。

5 「家族内殺人を含めて近年殺人事件そのものが大きく増えているわけではないこと，むしろ，戦後を見渡してみれば一貫して減少傾向にある」(浜井編，2009，p.220)という分析報告もある。

【引用参考文献】

浅野智彦編，2006，『検証・若者の変貌—失われた10年の後に』勁草書房.
イリイチ，I., 1977，『脱学校の社会』(東洋・小澤周三訳) 東京創元社.
警察庁『平成19年版 警察白書』(http://www.npa.go.jp/hakusyo/h19/index.html)
警察庁ホームページ (http://www.npa.go.jp/index.htm)
小林寿一編著，2008，『少年非行の行動科学—学際的アプローチと実践への応用』北大路書房.

国立教育政策研究所生徒指導研究センター，2009，『生徒指導資料第1集（改訂版）生徒指導上の諸問題の推移とこれからの生徒指導―データに見る生徒指導の課題と展望』国立教育政策研究所．(http://www.nier.go.jp/shido/centerhp/1syu-kaitei/1syu-kaitei.htm)

芹沢一也，2006，『ホラーハウス社会―法を犯した「少年」と「異常者」たち』講談社α新書．

内閣府大臣官房政府広報室，2005，『少年非行等に関する世論調査（平成17年1月）』(http://www8.cao.go.jp/survey/h16/h16-shounenhikou/index.html)

浜井浩一・芹沢一也，2006，『犯罪不安社会―誰もが「不審者」？』光文社新書．

浜井浩一編著，2009，『家族内殺人』洋泉社新書．

濱嶋朗・竹内郁郎・石川晃弘編，1997，『【新版】社会学小辞典』有斐閣．

広田照幸，2000，『教育言説の歴史社会学』名古屋大学出版会．

法務省，2008，『犯罪白書　平成20年版』

法務省法務総合研究所ホームページ (http://www.moj.go.jp/HOUSO/index.html)

牧野智和，2006，「少年犯罪報道に見る「不安」―『朝日新聞』報道を例にして」『教育社会学研究』第78集．

マッツァリーノ，P., 2007，『反社会学講座』ちくま文庫．

第6章 子どもの居場所の喪失と地域社会

岡崎 友典

1 地域社会の変容と居場所の喪失

(1) 子どもの事件の発生

　子ども，というよりも青少年の犯罪・非行そして問題行動が，社会的事件として，マスコミによってセンセーショナルな形で報道されたのは，1980（昭和55）年11月，神奈川県川崎市で20歳の大学受験・予備校生が，就寝中の両親を金属バットで殴打して殺害した事件が初めてだったのではなかったろうか。これは受験競争が激化するなかで家族だけでなく，学歴社会の重圧に耐えかねた青年が引き起こした事件といえる。さらに1983（昭和58）年の2月には，同じ神奈川県横浜市の公園で，「浮浪者」（ホームレス）が集団で暴行を受け死亡している。「ストリートギャング」と呼ばれた10人は，中学生と卒業したばかりの高校生など，16歳から17歳の青年だった。義務教育を終える時期に，このような事件が起きる社会的背景を，教育関係者は特に留意しなければならない。学校という社会から解放された子どもたちが，現実の社会の弱者を攻撃するといった社会現象は，さらに異なった展開をみせ始める。

　ちょうど10年後に起きた「山形県新庄市いじめマット殺人事件」（1993年1月13日）は，中学校の体育館内での出来事だった。意図的か偶然かをめぐって，子ども間の「いじめ」が，教育界だけでなく社会現象としてマスコミで報道される。事件なの事故なのか，その後研究者が現地に入り長年にわたりその真相を調査している（北澤・片桐，2002）。

1970年代の荒れる中学校，校内暴力そしていじめなど，子どもの問題行動がマスコミで喧伝されるなかで，子どもたちは，周囲から白い眼で見られる存在になってゆく。しかしながら子どもがそのようになってきたのは子どもの責任ではない。子どもが育つための社会環境，とりわけ家庭，地域，学校などの教育環境が，子どもたちを一人前の人間に育てる役割を放棄してきたからではなかろうか。親の背中を見て育つような環境は，農業社会から産業社会への転換のなかで，一部の家庭を除いてできなくなってきたのである。「子連れ出勤」ができる職業や小規模の家族自営業の家族でも，その機会は限られている。

　子どもの問題は大人の社会の問題としてとらえることが，求められているのである。そこで本章では，子どもの教育環境としての地域社会の視点から，この課題についてせまってみた。

(2) 子どもへの攻撃

　社会を震撼とさせた「神戸連続児童殺傷事件」が起きたのは1997（平成9）年である。中学生による異常なまでの行動，いじめではなく意図的な殺人が子どもであったことに，大人たちは驚かされたのである。そして，1999（平成11）年12月，京都市伏見区の小学校の校庭で起きた児童殺傷事件は，21歳の青年男子だった。いずれも自分より弱いものを襲う事件は，さらにエスカレートしてゆく。2001（平成13）年6月，大阪教育大学附属池田小学校に凶器を持った男が侵入し，次々と同校の児童を襲撃し，児童8名が殺害されている。犯人は37歳だった。さらに2008（平成20）年6月の秋葉原通り魔事件は，27歳の「期間工」が職を失って引き起こしたものだった。東京の雑踏する交差点に車で突入し，7人が死亡，10人が負傷している。相手を選ばず無差別に攻撃する，しかも車といった凶器を使っての犯行は，衝動というよりも「病気」がそうさせたといえる。子どもの病が先か大人の病が先か。鶏か卵かといった関係ではなく，病理発生のメカニズムを大人が解明しなければ子どもは救われないのではなかろうか。いずれにしても社会の病理現象は全世代に浸透しているのである。

　ただ，現代の青少年がすべて異常なわけではない。渡部真編集の「モラトリアム青年肯定論」（『現代のエスプリ』460号，至文堂，2005年）は，「現代青年の

新たな像を求めて」をテーマとして，青年を否定的ではなくその可能性を擁護する趣旨の論稿（約20名）をまとめている。そのなかで大村英昭は，「青少年における『犯罪の衰退』」について，詳細な調査・研究の資料・データを用いて論じている（同書, pp.162-171）。

　働き過ぎの日本人にはゆとりがない。教師も同様である。いやむしろ教師以上に働き過ぎの人々が，経済不況のなかで職を失い子どもの教育どころか家族の生活の糧を得るために悪戦苦闘している。青少年の犯罪や問題行動の増大はもとより，衝動殺人や自殺など精神に異常をきたす大人の存在が問われているのである。青少年を健全に育てる環境がないことの責任は大人たちにあることを，現代社会が自覚しなければならない。「地域は学校，大人はみな先生」といったスローガンが出されたのは1970年代のことであるが，このようなことが教育関係者から提起されたのは，地域が学校でも大人が先生でもなくなっている地域が全国各地で生まれてきていたからである。

(3) 子どもの身近な地域の喪失

　地域を指す言葉として，古くは「郷土」「ふるさと」「おらがムラ」など，新しくは「わが街」「マイタウン」などがあるが，いずれも個人の地域生活の体験によって認識・イメージ化されたものである。人口の流動性の高まりにより，それはきわめて多様でしかもあいまいなものになってきている。

　直接的・日常的生活体験の場，言い換えると「身近な社会」を地域社会として認識するとき，人によって異なるイメージが形成されてきたからである。小学校の社会科で，以前は「郷土学習」と呼称されたものが，「身近な地域の学習」と名を変えているが，郷土という言葉には生まれ育った地域といった意味あいが多く含まれるのに対し，身近な地域は子どもだけでなく大人も，個人のライフステージによって多様にイメージできる言葉なのである。

　したがって，子どもに身近な地域を指導する際，大人の生活の範域をも考慮しなければならないのである。まさに地域を子どもの視点からだけで固定的にとらえるわけにはいかなくなっている。

　そしてこの「身近な地域」が，全国的規模で急激に変容したのが，日本の高

度経済成長期後半の1970年代である。校内暴力，登校拒否などの子どもの病理・問題行動が急増したのもこの時期であった。国＝全体社会の経済的な豊かさと引替えに失われたものが，国民＝住民の日常生活の地理的空間としての地域社会だったのである。

このことを子どもたちは敏感に感じとり，大人たちに抵抗の意志を示すために，「問題行動」に出たと考えられないだろうか。1960年代以前の貧困による非行や犯罪ではなく，何も不足していないかにみえる子どもが万引きや窃盗，破壊や暴力を働きはじめたのはなぜか。このような行動への規制が強化されるなかで，いわゆる生徒指導や健全育成といった，一見教育的とみられる表現で示される活動のなかに，教育ではなく司法の領域が導入されはじめたことに留意したい。

このことは，たとえばPTAが，長期休みや夜間に，子どもたちの安全を守るために行う校区内の巡回を，「地域パトロール」といった警察用語を使用していることなどに，端的にあらわれている。なにげなしに保護者たちが使用する言葉のなかに，子どもたちを犯罪者に仕立てる構造ができあがっていたことに，教育関係者は気づいていない。校外指導に教育のしろうとの保護者を巻きこんでしまったことも大きい。そのことが，指導に熱心になればなるほど子どもを追いこんでしまうといった事態を生んだのではないか。

子どもが荒れる状況は，本章の文脈では地域社会，つまり子どもたちの生活にとって最も大切な「身近な地域」が，大人たちの手で解体された，あるいは創造してもらえなかったために生まれたと考えられる。しかもそれは，都市問題と密接にかかわっていたのである。

2　地域社会とは──社会的条件に規定された地域教育環境──

(1) 地域性・共同性のあいまいさ

コミュニティは社会・集団の類型であって，地域だけではない。また地理的範域に用いられる場合，マッキーバーの規定するように地域性・共同性を契機に成立するのがコミュニティなのだが，その範域は無限であり，現在一般的に

使用・イメージされるほど狭域ではない。
　概念そのものが地域的にあいまい性をもっている。そのためにこの用語が広く使用されはじめた時期に，コミュニティは現実に存在するもの，つまり実態を示す概念ではなく，われわれが創造すべき目標を示す当為の概念だとの主張が研究者によってなされたのである。つまりわれわれがめざすべきものとして，地域生活共同体を指す言葉として「コミュニティ」という外来語が使用されたのである。

(2) 社会的条件に規定された地域教育環境

　「地域の教育力」がとりざたされているが，これは子どもにとって最も基礎的な教育環境である家族（家庭）が，地域から切り離される状況が生まれたために，地域住民組織が解体される，あるいは形成されていないことに起因している。
　現代の日本社会では，居住者はいても「地域住民」がいない地理的空間＝居住区が増えるといった現象が進行している。1960年代の急激な社会変動により日本人の生活様式，特に地域生活のあり方は大きく変化している。
　特に地域への定着性は減少し，人間関係は希薄化している。生産と消費の分離，交通・通信網の発達による情報ネットワークの変容などの社会・経済的条件に規定されて，教育環境は激動している。地域社会への帰属意識，アイデンティティは薄れ，それが小さな部分社会であれ，ひとつの統一体として成立しなくなっている。このことは都市において顕著である。
　わが国においてコミュニティといった概念，というよりも言葉＝用語が一般に広く用いられるようになったのは，1960年代の高度経済成長期以降のことである。学問的な概念としてこれを最初に用いたのは，スコットランド出身のマッキーバー（MacIver, R. Morrison, 1882-1970）である。彼が在英中（その後アメリカに移住）の1917年に出版した著書の『コミュニティ（*community*）』（中・松本訳，1975年）のなかで，産業化が急激に進行する20世紀初頭のイギリスの地域社会で，失われつつあるコミュニティの役割を分析するための概念として提起したのである。ちょうど第一次世界大戦時に当たるこの頃のイギリスは，

産業構造の転換に伴う農村から都市への急激な人口移動現象が起きており、さまざまな社会問題が発生していた。

スコットランドのエディンバラ大学、イングランドのオックスフォード大学を卒業し、スコットランド北東部のアバディーン大学に着任したばかりの新進気鋭の社会学者が、日常生活の場としての地域社会＝地域コミュニティの研究に力を注いだことは、その後の地域研究に多大な影響を与えている。

ただここで留意すべき点は、マッキーバーは著書のなかで、「私はコミュニティという語を、村とか町、あるいは地方や国とかもっと広い範囲の共同生活のいずれかの領域をさすのに用いようと思う」(マッキーバー、1975、p.46) と述べたうえで、さらに「コミュニティは、本来的にみずからの内部から発し、活発かつ自発的で自由に相互に関係し合い、社会的統一体の複雑な網を自己のために織りなすところの人間存在の共同生活のことである」(同訳書、pp.56-57) と記述している点である。

コミュニティを集団の類型として、アソシエーション (association) の対概念としてこれがもちいられるとき、アソシエーションが、「特定」の目的に沿って、また「特定」の利害関心によって組織体として成立するのに対して、コミュニティは「不特定」というよりも人々の日常生活に必要な「多様」な関心・欲求を充足させる「包括的」な組織体といった特性をもっている点が重要である。

さらにこの不特定で多様かつ包括的といった概念で規定されるコミュニティも、時代によってその使われ方が変化している点も見落とすことができない。特に情報化＝IT化が急速に進行する現代社会にあっては、人々の人間関係、コミュニケーションは直接接触 (face to face) だけでなく情報メディアを介した間接的な関係のウエイトが高くなるなかで、「情報コミュニティ」といった新たなコミュニティも生まれている。なお、この点については放送大学の専門科目の教材 (テキスト) の『コミュニティ論』(船津衛・浅川達人、2006年) を参照されたい。

現在は日常用語となっているコミュニティとは、行政の設置する公共施設ではなく、また個人所有でもない、自治組織の所有する共有財産としての施設を

中心に，また生活のために必要な共同作業を契機に成立する住民の生活の単位なのだが，現代日本の状況はそうではない。この耳なれないカタカナ文字が登場したのは，高度経済成長期の1970年代である。

社会学者の福武直は『現代日本社会論』（東京大学出版会，1972年）のなかで，明治以降に近代市民社会が成立して初めて，「町」でも「村」でも「国」でもない「社会」という言葉が登場したことの重要性を指摘している。ちょうど地域社会を指す言葉として「コミュニティ」の用語が頻繁に語られはじめた時期の著作である。「言葉がないということはその実態がなかったからだ」との社会学者の指摘は，日本の伝統的な共同体の解体と，人為的に形成される「コミュニティ」概念との関係を考えるうえで重要である。

もちろん言葉はできても「社会」という概念は，これをソサエティとカタカナで呼んでも，実体はつかみにくい。福武は「社会ということばは，資本主義社会に対応する近代市民社会の生成とともに使われはじめたといってよいが，その社会は，充分に市民社会として発展してゆくことができなかった」と述べているが，地域社会にもあてはまる。というよりも，地域の前近代的体質が日本の市民社会化を阻害していることを，この書はわかりやすく説明している。封建社会の村落・都市共同体と，現代のコミュニティはどう違うのか。福武は「市民社会」の「地域社会」はどのようにあるべきかを「経済大国」から「福祉大国」へ，といった道筋で提示している。

そして現代日本の地域の特徴をさらに具体的に分析しているのが，同じく社会学者の蓮見音彦である。蓮見は地域社会にはコミュニティ（地域生活共同体）とリージョン（地方）の，広狭２つの次元があるとしたうえで次のように指摘する。

「コミュニティという概念に含まれる伝統的な地域生活の単位という意味あいに注目するならば，ムラ・マチ，あるいは村落や町内などが想起されようし，今日における住民の自治の単位という点を強調するならば，市町村などのいわゆる地方自治体がこれに相当するといわれることになろう。そしてこれらが二つに分化してしまったところに，あらためてコミュニティ形成が強調されねばならないことの一つの背景がみいだされるのである」（北川・蓮見，1987，p.5）

このように，地域が生活の単位であると同時に，自治の単位として必ずしも重なり合わないところに，現代社会の問題状況が生まれたといえる。しかし，生活の単位のとらえ方によっては，両者が共存することは可能なのではないか。この点を生活の共同といった視点から考えてみよう。

3　都市問題の発生

(1) 都市の論理と地方

　現代の都市は，多くの問題をかかえているとしても，都市と農山漁村，中央と地方は，どのような関係にあるのだろうか。都市は否定的なものかどうか。都市，地方の基本的な性格について，羽仁五郎は『都市の論理』（講談社文庫，1982年，初版1968年）の第一部「歴史的条件の序説」のなかで次のように述べている。「地方というのは権力の関係です。自治体というのは自由の関係です。この相反する二つの関係が混同されているのが，地方自治体というものの実体および概念なのです」といった形で地方自治体といった用語の矛盾を指摘したうえで，国家権力としての中央に対する地方の自治は論理矛盾であるとして，地方主権を主張している。また人間の解放は都市によって初めて可能になるのであり，それはまず家族からの解放を出発として，都市連合が国家から解放されることによって実現すると指摘している。都市に流入する人々の病理現象を直すために「家族の復権」を唱える論理に対しては，個人の自由をそのなかに埋没・抑圧してきた家族共同体に引きもどすだけで，人間の解放はできないと厳しく批判している。「都市の空気は人を自由にする。このヨーロッパのルネッサンスに生まれたことばには，歴史があり，未来がある」（前出，前書き）として都市の復権を主張するのである。この都市の論理と自治体との関係を論ずる際，羽仁が地域社会というあいまいな用語は使用すべきでないとしているのは，都市であれ農村であれ自治体が地域の実態であることを指摘するためである。

　近年，地方への自然体験ツアーや山村留学が，都市の病理から子どもたちを解放する試みとしてなされているが，それが封建的な「イエ」としての家庭や，

伝統的な村落共同体への回帰に終わるなら，新しい地域社会は形成されないであろうし，羽仁の指摘するように個人の解放もないであろう。教育だけでなく，都市と山村の交流が自治体の手によって進められているが，これはまさに都市（自治体）の連合でなければならないのだろう。農村・地方の都市化が自治体の主権によってなされるならば，都会・中央の自治体が国家から自立することができるのではないか。中央が地方を利用するといった関係はすでに破綻している。都会の脱落者を収容するのではなく，都市の成功者を地方に呼ぶことによって，地方の自立ができるのであり，中央の都市はこれとは逆に自前で問題の解決を図らなければならなくなるのである。

　子どもの成長・発達にとって，地域社会の教育環境が重要であるとしても，「学校と地域の連携」が主張されるとき，はたして連携すべき相手の地域が「社会」として存在しているのか，いま改めて問い直すことが必要なのではないだろうか。地域の教育力，地域教育会議，地域教育連絡協議会，地域教育活性センターなど，学校教育との関連で地域が語られるとき，地域社会は自明のものとされているが，はたしてそうなのであろうか。

(2) 教育環境の３分野

　図6-1は，地域社会の教育環境を子どもの視点から，家族，地域（住民組織），学校の３つの組織・集団として示したものである。近代以前の社会のおいては，家族と地域は「基礎的・基本的」で個人に「所与」のものとして「帰属」していた。これに対し近代社会の教育制度によって地域社会に設置された学校は，「派生的・価値選択的」なものとして「付与」されたのである。この２つの環境が二重構造をもつのであってそれぞれが単独で機能するのではない。したがって現実の環境は，さまざまな形態をとることになる。教育環境がたえず動くものであり，固定的なものではないことをふまえたうえで，静態的な側面・特性の分析を基礎にして，動態的側面を構造的に明らかにすることが必要である。子どもの問題行動や病理の原因を分析するとき，これを短絡的に親・家庭，教師・学校，住民・地域組織などの，個別的な条件に結びつけてとらえることはできないからである。

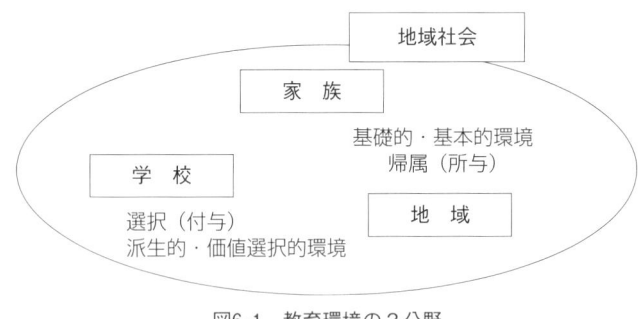

```
        地域社会
      家　族
              基礎的・基本的環境
              帰属（所与）
   学　校
              地　域
     選択（付与）
     派生的・価値選択的環境
```

図6-1　教育環境の３分野

　また，良い環境，悪い環境といった二分法的な視点から，個別の条件を固定的にとらえることは，問題の所在をあいまいにさせることになる。所与的であれ付与的であれ，また基礎的・派生的のいずれであっても，それが良い環境か悪い環境かは，それぞれの環境条件への意図的・無意図的な作用があって初めて，子どもにとって現実的な環境になるからである。

　さらに教育環境は歴史的，国家的条件によって意図的に操作されるといった特性をもつので，教育環境の問題はつねに流動的であり，そのときどきにその評価の基準を異にしてくる。善悪の逆転も起こる。その条件の変化には，予測可能な部分と不可能な部分があるが，現代社会は予測不可能な部分が増大しているだけに，教育環境をダイナミックにとらえる視点が求められている。

(3) 教育環境の領域

　環境とは人間をとりまく物理的・心理的状況のことであり，一般には社会的環境と自然的環境に二分されて考えられている。重要な点は人間の外にあるそのような状況と個々人とのあいだに，相互作用が成立していることである。ただ存在するだけでは環境とはいえない点に留意したい。

　そこで教育環境を「社会と自然」の軸と，「中央と地方」の２本の軸で四分割してとらえてみたのが図6-2である。山村留学など自然体験を中心とした教育実践も，都市部での自然の喪失に対応したものであるが，近年は「天然」ではなくとも「人工」の自然が，地方でなく中央の都市で整備されてきており，

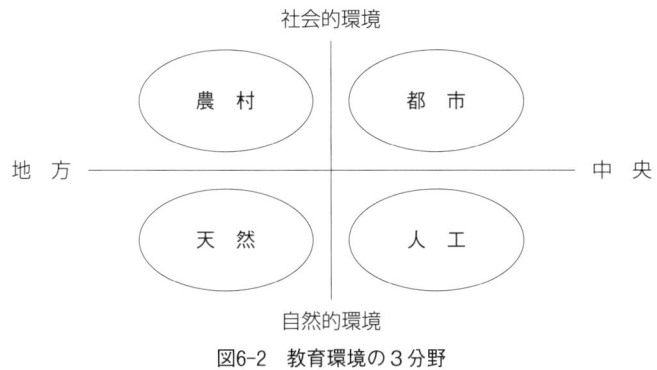

```
            社会的環境
              │
    ┌─────┐  │  ┌─────┐
    │ 農村 │  │  │ 都市 │
    └─────┘  │  └─────┘
             │
地 方 ────────┼──────── 中 央
             │
    ┌─────┐  │  ┌─────┐
    │ 天然 │  │  │ 人工 │
    └─────┘  │  └─────┘
             │
           自然的環境
```

図6-2　教育環境の3分野

あえて農山村に行かなくても体験できる。山村留学に代表されるような地方での体験で重要なのは，自然ではなく「社会体験」なのである。伝統的な因習や風習など，これまで日本社会が培ってきた生活文化は，封建的なものとして否定される側面もあるのだが，地域生活における人々の共同性と地域性，濃密な人間関係から都会の子どもたちだけでなく大人たちが体験す学ぶことは多い。

4　地域の教育力とは　──子どもの居場所──

(1) 地域社会の内実―自治生活の単位としてのコミュニティ

　これまで「地域」と「地域社会」をほぼ同義語で使用し，文脈により両者を使い分けているが，日常生活場面ではさして問題はおこらない。ただ日常用語と研究・分析上の学術用語は異なっており，研究課題・テーマの立て方によっては，これを厳密に区別すべきであろう。理論上の地域と地域社会は必ずしも同じではない。

　ただ，ここでは「学校の立地する地理上の空間としての地域と，人々の共同生活の単位としての地域社会は，必ずしも一致しない」といった表現で，問題の所在を提示するにとどめ，住民が生活者として地域を，どのような形でとらえてきたかを考えてみよう。

　当然のことながら，地域社会は全体社会の部分であり，全体社会の単位とし

て国土(領土)を構成する一定の地理的空間(範域)であり、そこを場面として人々の共同生活が成立している。現代の国民社会では、それは国家に対して「地方自治体」、また生活の共同体という意味では「コミュニティ」という用語が地域社会の内実である。そこには自治の単位と、生活の単位が含まれるが、その単位は重なるとはかぎらない。

　コミュニティセンターの名称の施設ができたのは1970年代初頭であり、その後各地に大小さまざまの、「コミュニティ」を冠した住民のための施設(コミュニティ・プラザやコミュニティ・ホールなど)が建設されているが、このことが自治の単位を失わせたのである。明治以降1960年代までは学校が、また、公民館が自治の単位と連動してコミュニティ形成の拠点としての役割を果たしていたのだが、これと交代したのである。学校は社会教育の場としては利用されず、子どもの教育に専念する。公民館のないところは、社会教育の基盤を失った。

(2) 地域社会の再編と教育

　近年になって、自治体の首長部局と教育委員会が、コミュニティセンター、公民館、また居住区センターと小・中学校との相互乗り入れで、教育事業をはじめたことは重要である。特に、政令指定都市(札幌市や京都市など)レベルの大規模ニュータウンでこの動きは活発である。都市の歴史的条件によりその形態は異なるが、いずれも教育委員会と首長部局が一体となって、生涯学習と生涯教育の態勢を整備しようとしている。

　全体社会に対して、いずれも「小さな社会」の「教育社会」と「地域社会」が融合して、地域と教育の再生を図らねばならないのだが、「地域づくり」と「学校づくり」が同時進行することが可能かどうか。地方自治体(行政)と住民組織が一体となるためにも、学校の役割は大きい。地域社会形成の人材を育てるのが学校だからである。

　地域社会には多様な人々が居住している。個人の属性(家族・職業、収入・学歴・住居など)や生活の形態(スタイル)、そして考え方(価値観)などさまざまであり、したがって住民間の葛藤・緊張関係は不可避である。しかしこれを調整するのが行政の役割なのである。

特に子どもにとって，現代日本の家族は，西欧の先進国を後追いするかのように解体あるいは危機的状況にある。母親と父親が別々の家庭をもち，子どもがその両方に所属するケースも生まれている。「母親家庭」「父親家庭」といった新語が生まれても不思議ではない。

　子どもだけでなく，大人も必死に生きようとしている。さまざまな家庭の子どもたちに，特定の価値観を押しつけることはできないが，親・保護者の影響を無視して，学校教育は成り立たない。子どもの所属する家庭・地域の実態を的確に把握した指導が，これまで以上に必要になっているといえよう。

(3) 学校週五日制実施の社会的背景の再確認！

　1992（平成4）年度から，月1回の学校週五日制がはじまり，その後月2回の実施を経て完全実施（2002年）されている。この間多くの論議をよびながらようやく「完全週五日制」が定着しつつあるのだが，このことによって，日本の学校，いや学校だけではない日本の教育そして社会がどのように変容し，子どもたちは何を得たのだろうか。週六日制の学校が五日制に移行することは，狭い教育上の改革ではなく日本全体のまさに社会的問題であった点に留意しなければならない。制度化に先行する試行・実験段階で「案ずるよりは生むがやすし」，いざ実施すれば「それほど問題はない」といった声も聞かれたことを，今思い返している。当時私は，文部省（現文部科学省）の「調査研究協力校」の実践例の分析，また東京都の実験校の研究協力者としての参加体験をもとに，学校五日制の表題の編著『教師が読む・子どものための「学校五日制」』（山村賢明との編著，1992年）を出版したからである。「教師が読む」，そして「子どものための」といったキーワードがなぜそのとき生まれたのか。当たり前といえば当たり前の言葉を，今思い返している。

　新学習指導要領により授業時数だけでなく指導内容の削減がなされるなかで，私立学校の多くはその特性を生かし土曜日を休業日にしていない。公立離れ私立試行の傾向は大都市部では以前から進行していたが，五日制の実施以降，地方都市でもこの傾向が強まってきている。公立学校も「土曜教室」といった形で子どもたちを登校させ，学習を補強させることによりその存在を示そうとし

ている。

　大人社会の週休二日制が進行しているとはいえ，週末に働いている人は多い。子どもだけでなく大人も忙しい毎日を送っているのであり，学校が子どもを引き受けてくれるならば親は安心して働くことができる。昨今流行語となっている子どもの「居場所」は，近代の公教育制度が確立して以降，すべての国民・子どもにとって，無償で教育を受けることのできる学校だったのであるが，そこから追い出されたとき，その救い先を地域や家庭に求めるのは当然のことかもしれない。試行実施の時期に実験校の関係者が「子どもさんを家庭にお返しする」また「地域に受け皿を」といった言葉を連発していたが，そのようなことは可能だったのだろうか。

　本来ならば，子どもの居場所，その中心的役割を果たすのは，生まれ育った家庭のはずだが，この家庭が崩壊・解体状況にあるとするならば，頼れるのは地域しかない。しかしここで留意したいのは，子どもを受け入れる地域，正確には「地域社会」がはたして存在しているかどうかである。地理的・空間的な地域はあってもそこに「社会」が成立しているとは限らないのである。

　はじめに述べたように，「地域は学校，大人はみな先生」といったスローガンが出されたのが，1970年代であったことを再度確認しておくことが，教育関係者に求められているのである。

考えてみよう

① 子どもの問題行動の社会的背景について，歴史的にとらえてみよう。

② 地域社会とコミュニティの用語・概念について，整理してみよう。

③ 居場所としての家庭・学校と地域社会の関係について，身近な事例をとおして分析してみよう。

【引用参考文献】

海老原治善，1981，『地域教育計画論』勁草書房．
岡崎友典，2000，『家庭・学校と地域社会—地域教育社会学』放送大学教育振興会．
北川隆吉・蓮見音彦他編，1987，『現代世界の地域社会』有信堂．
北澤毅編著，2006，「非行・少年犯罪　序論」『リーディングス　日本の教育と社会　9・非行・少年犯罪』日本図書センター．
北沢毅・片桐隆嗣，2002，『少年犯罪の社会的構築—「山形マット死事件」迷宮の構図』東洋館出版社．
倉沢進，1990，『町内会と日本の地域社会』ミネルヴァ書房．
蓮見音彦・奥田道大編，1980，『地域社会論』有斐閣．
林友三郎，1962，『大人は敵だった—中学生ととりくむ教師の記録』国土社．
福武直，1972，『現代社会論』東京大学出版会．
マッキーヴァー，R.M.，1975，『コミュニティ』（中久郎・松本通晴訳）ミネルヴァ書房（原著，1917）．
松原治郎，1978，『コミュニティの社会学』東京大学出版会．
松本通晴・丸木恵祐編，1994，『都市移住の社会学』世界思想社．
矢野峻，1981，『地域教育社会学』東洋館出版社．
山村賢明・岡崎友典編，1992，『教師が読む・子どものための「学校五日制」』ぎょうせい．
渡部真編，2005，『現代のエスプリ　モラトリアム青年肯定論』460号，至文堂．
渡部真・伊藤茂樹，1994，『生徒指導の理論と実践』樹村房．

第7章 子ども「問題行動」のエスノグラフィー

石飛 和彦

1 はじめに

　この章では，子どもたちの「問題行動」を理解するための方法として，「エスノグラフィー」という方法論を紹介しよう。エスノグラフィー（ethnography, 民族誌）とは，文字通りもともと民族学という領域で発展した研究法である。ある民族の生活や文化を理解しようとするときに，大量のアンケート調査用紙を配ったり統計的分析をほどこしたりするのではなく，自分が直接にその人々のなかに飛び込んで自分の目でじかに観察し，彼らの生活や文化を生きたまま理解しようというのが，そのやりかただ。そして，民族学者たちが地球上のさまざまな民族について理解するために用いたこの方法は，やがて，私たち自身の社会のなかのさまざまな人々について理解するために用いられ始めた。「非行少年」たち，学校の生徒たち，医者や患者たち—私たちの社会のなかにあるさまざまな集団や組織に自ら飛び込んで内側から光を当てる研究が，多くの優れたエスノグラファーたちによって産み出されている。

　エスノグラフィーという社会調査法は近年いよいよ注目されている。等身大の自分の目で見ることだけを武器として，生きられた現場の視点を科学的な研究の枠組みに結びつけること——エスノグラフィーに期待されているのはそのようなことだろう。しかしまた，そのことによってエスノグラフィーは，執拗な悩みにつきまとわれることになる。自分の目で見たことを報告するだけでは「客観的でない単なる主観」になってしまい「科学的」にはならないのではな

いだろうか？

　こうした問いは，「問題行動」研究をしようとするとき，とりわけ理論的なニュアンスを帯びてくる。というのも，この領域はラベリング理論の洗礼を通過してきたのである。ラベリング理論によれば，逸脱行為とは社会によって逸脱というレッテルを貼られた行為のことである。社会の一般の人々は，そうした行為をいわばレッテル越しに見てしまうことで逸脱行為として見てしまうが，それは社会的に共有されているだけの共同的な主観に過ぎない，というわけである。たとえば「髪を茶色くした若者」がいるとする。現在では髪色をアレンジするのはふつうのことだが，30年前であれば彼は「不良」のレッテルを貼られたかもしれない。同じ彼が，ある社会の人たちにはふつうの若者として，またある社会の人たちには「不良」として「見える」ということになる。つまり，客観的には同一人物である彼を「不良」として（あるいはふつうの若者として）「見ること」は，それぞれの社会の人々の主観に過ぎない，というふうに。ラベリング理論はそのようにして，私たちの等身大の目で「見ること」そのものに疑問を投げかけたのであり，それいらい私たちは，「問題行動を見た」と単純に言えなくなってしまったはずなのだ。しかし，単純に「見ること」が疑問に付されたとしたら，どうやってエスノグラフィーが可能だろう？

　さてそこで，本章では，エスノメソドロジーに由来する「状況のなかに埋め込まれた「見ること」」というアイディアを参照しながら，エスノグラフィーの可能性を考えていく。それは，「見ること」そのものをめぐるエスノグラフィー，ということになる。

2　状況のなかに埋め込まれている「見ること」——エスノメソドロジーと状況論——

(1) エスノメソドロジー

　エスノメソドロジーの古典的文献のなかで，メルヴィン・ポルナー（Pollner, M.）は，ラベリング理論の創始者ハワード・ベッカー（Becker, H. S.）の論述に含まれる奇妙な混乱を指摘し，整理している。

　第一に，もし「逸脱行為とは社会によって逸脱というレッテルを貼られた行

為のことである」と定義するならば，レッテルを貼られた行為は端的に逸脱「である」といわなければおかしいはずだ。ベッカーの論述を真に受けるならば，30年前の茶髪の若者は「不良」のレッテルを貼られているのだから端的に「不良である」。人々は「不良である」彼をまさしく「不良」と見るのであって，それを主観に過ぎないということには意味がない。また，現在の茶髪の若者はレッテルを貼られていない以上，端的に「ふつうである」のであって，私たちのその見かたをあえて主観に過ぎない，と呼ぶことにも意味がないし，また30年前の若者と今の若者を並べてみせることで社会学が何らかの「客観性」を獲得する，というのもナンセンスであるはずだ。ベッカーは，主観とか客観とかいう言葉を都合よく利用することによって，素人の見かたを主観的，社会学者の見かたを客観的と恣意的に主張してしまうことになるのではないか。

第二に，ポルナーは，そうした主観／客観の線引きを利用しているのはじつはベッカーだけでなく，ふつうの人々が日常生活のなかで絶えずそうした線引きに気を配り，活用しているということを発見する。彼は交通裁判所でフィールドワークを行ったが，そこで人々は，「これは客観的事実」「これは相手の主観的な主張」といったことをめぐって争いながら日常的に「客観的事実」を作り上げているのである。つまり，じっさいの人々のふるまいに目を向ければ，素人であれプロであれ誰もが「社会学している」様子を見出すことができる，というのがポルナーの主張なのである。

じつはエスノメソドロジーを提唱したハロルド・ガーフィンケル（Garfinkel, H.）が最初にアイディアを得たのがやはり裁判所だった。彼は，陪審員の審議の相互行為を観察することで，彼らが独特の組織立ったやり方で「見ること」の実践を行っていることを発見した。陪審員たちは審議中の案件について，ただ「主観的に」あるいは「レッテル越しに」見ているわけではなく，逆に「客観的事実」を見ようとしている。そのために彼らは，「これは事実」「これは証拠から明らかになること」「これはたんなる意見」といったことがらに互いに気を配りながら，綿密に組織だったやりかたで「誰の目にも明らかに「見る」ことができる客観的事実」を協働的に打ち立てようとしているのである。そのやりかたは，たしかにいわゆるプロの科学者の採用する方法論とは異なるが，

ふつうの人々が日常生活を送っていくにあたってそれと意識せず用いているものであり，ガーフィンケルはそれを「人々の方法論＝エスノメソドロジー (ethnomethodology)」と呼んだのである。

　隣に茶髪の若者が座っている。私は違和感を覚える。それは私が田舎から上京してきたせいだろうか——いやそうではない，なぜならここは就職試験の面接会場だからだ。集団面接に集まった受験者は彼以外，私を含め黒髪だ。茶髪の男をちらっと見た面接官のひとりが眉をひそめたように見える——中年の面接官は，受験者のなかに茶髪の若者を見つけて，イマドキの若者はまったく，と思いかけるが，茶髪の隣の真面目そうな受験者の不愉快そうな表情を見て思い直す。今は採用試験の面接だ，イマドキかどうかなど論外だ——そして，一人目の受験者が質問に答えて，社会人のマナーについて喋りながら笑いを噛み殺すのを見て，私は，隣の茶髪の男もこれらすべてを見ているはずなのに思い，平気な顔をしている彼は少し変なのだと思う。そして彼が発言する順番になった頃には，彼はすっかり「おかしな男」ということになっており，彼の発言のちょっとした言い間違いまでもが誰の目にも「やっぱりね」という印象を与えることになる——たとえばこのようにして，私たちは協働的かつ組織立ったやり方で，「問題行動」を「見ること」を実践している。彼の逸脱性は，たんに社会が「茶髪＝逸脱」というレッテルを貼り付けたからそう見えるのではなく，私たちが彼を見ること，そして彼を見ている私たち自身を互いに見合うこと，そして彼のなかに逸脱性を見抜いたことを互いに表示しあうこと，等々によって，相互行為の経過にしたがって組織され達成される。それは同時に，「おしゃれな都会／ダサい田舎」あるいは「イマドキの若者／頭の固い中年」といった線引きを主観的な思い込みとして排除しながら，「いまここが，まさに「面接試験の会場」であること」という状況の定義を協働的に達成することでもあり，また，その状況定義に関連づけられた「面接試験では茶髪はNG」といった規範の適用を協働的に達成することでもあり，また面接官の表情を「眉をひそめること」として，一人めの受験者の表情を「笑いを噛み殺すこと」として，また茶髪の男の表情を「平気な顔」として「見ること」を協働的に達成することでもある。それらは，この状況のなかで互いに互いのコンテクストと

して編み上げられていくことによって、ひとつの「誰の目にも明らかな客観的事実性」を達成する。この緊密な編み上げのなかから、状況・規範・逸脱行為・観察といったことのひとつだけを抜き出して論じることは困難である。「見ること」が状況のなかに埋め込まれている、とは、エスノメソドロジーが発見したこのような事態をいうのである。

(2) 状況論と組織のエスノグラフィー

こうしたエスノメソドロジーの視点は、ごくあたりまえの日常の一場面をわざわざややこしく言い直しただけにも見える。理論的には意味があっても実際的な役にはたたないのではないか、というように。しかしじつは、この「状況に埋め込まれた「見ること」」への視点は、きわめて実用的な研究分野として展開した。私たちが日々携わっているさまざまな「現場」の暗黙知の領域の実践を記述し解明する研究方法として展開したのである。

たとえば手術室という「現場」において、執刀医や看護師からなるスタッフ全員には「同じもの」が見えている。もちろん、オペの焦点である患部を全員が同時に注視しているというわけではない。しかし、そのオペの「いまここ」において何が焦点となっているか、どういう状況であるか、患者が今どういう状態にあり、手術が今どういう進行状況にあるのか、等々、という認識をスタッフ全員が空気のように共有していないことには手術がスムーズに進行しない。そのためには、互いに単に言語的なやりとりで現状説明しあうという以上に、スタッフ全員が協働作業をするなかで互いのふるまいのなかから相互行為的に——陪審員が「客観的事実」を作り上げ、就職面接室の人々が茶髪の「逸脱者」を作り上げるのとおなじように——ひとつの「見え」を達成している。あるいはそのときに協働的認知のためのリソース（てがかり、資源、resource）として利用されるのは、状況の理解に必要な医学的知識といったものでもあるし、また、より即物的に、手術台の周囲に配置された心拍・血圧・呼吸・等々の状態を表示する計器であったり、各種の機器の規則的（であるはず）な動作音であったりもするだろう。こうした観点からは、手術室という「現場」は、協働作業を行うスタッフ全員が「同じもの」を「見ること」の活動の場であり、そ

のために有形無形のリソースが配置された作業環境(ワークプレース)であるといえるのだ(岡田・山崎・行岡(1997),高山・行岡(1997)の救急医療現場に関する研究を参照)。

　この世界のいたるところにある「現場」がそれぞれこのようなやりかたで,それぞれ固有の「状況」として営まれているのであれば,そして「現場」の抱える問題点も,「現場」の示す有効性も,そのスタッフ個々人の頭の中の知識能力だけにあるのではなく,むしろ「現場」のワークプレースとしての「状況」そのもののなかに埋め込まれた形であるのだとするならば,それらを解明していくことには,実用的な意義があるはずだ。

　1979年,ゼロックス社のパロ・アルト研究センター(PARC)初の社会科学系の研究員となったルーシー・サッチマン(Suchman, L. A.)は,コピー機の小さな表示画面のヘルプを見ながら作業をしたりトラブルに対応したりするユーザーのふるまいを観察し,ある作業環境のなかで人が,機械や道具と相互行為しながら「何がおこっているか」を見抜き,作業を進めていくようすを解明した。その研究は,人間＝コンピューターのインターフェースのデザイン研究へと発展し,また,より広範な協働作業のワークプレース研究へと展開している。また,80年代の後半から,ジーン・レイヴ(Lave, J.)とエティエンヌ・ウェンガー(Wenger, E.)は,同じくゼロックス社の出資により設立された学習研究所(IRL)を拠点として,認知心理学・シカゴ学派エスノグラフィー・テクノロジー研究等々の影響を集約しつつ,「状況的学習」の理論を展開する。彼らは徒弟制の現場を参照しながら,学習というものを社会的実践ととらえ返す。学ぶとは,現場の「実践コミュニティ」に参与することである。徒弟たちにとって(あるいはあらゆる「現場」の新参者にとって)重要なことは,その「現場」において一人前にものが「見える」ようになることであり,そのために学ばれるべき「知識」は,誰かの頭の中にあるというよりは,状況のなかに埋め込まれている。だから,現場の「実践コミュニティ」の研究——それぞれの参与者にとって,知識や実践やリソースへのアクセスがどのようにデザインされているか,「現場」の参与者の認知はどのような実践において達成されているか,どのようなネットワークによって実践コミュニティが組織されているか,等々

——が必要になるのである。こうした状況的学習論は，組織における「知識マネジメント」という視点を生み，ビジネスマネジメントの領域に展開していく。

80年代から90年代にかけてPARCやIRLを拠点として展開したこれらの潮流は「状況論」と呼ばれている。状況論の視点は，あらためて「組織のエスノグラフィー」の重要性を強調する。「現場」の人々が「見ること」を行っているときにその「見ること」はどのように作り上げられているのか？　それぞれの「現場」は，それらの「見ること」の達成のためにどのようなリソースを配置し，どのような環境としてデザインされているのか？　といったことが，理論的にも実用的にも興味深いテーマとなっているのである。

③ ふたつの記述 ——「問題行動を見ること」の組織的基盤——

それでは，本章のテーマである子どもの「問題行動」のエスノグラフィーについて見てみよう。ここではふたつの記述をとりあげる。いずれも中学校内の一場面について，ほぼ等身大の目で「見た」ままに描き出している。そこには「問題行動」らしきものが描かれている。ここで私たちが辿ってみたいのは，それぞれの記述に表現された「問題行動を見ること」が，どのようなやりかたで達成されているのか，ということである。

(1) 教室の記述

【問題行動】授業中に立ち歩いたり，騒いだり，暴言を吐いたりする

　授業開始のチャイムが鳴っても，教室内では立ち歩く生徒がほとんどである。座るように指示するが，何人かは暴言を吐きなかなか指導に従わない。やっと座らせるといくつかの空席がある。しかし彼らが校舎内のどこにいるかはわからない。授業に入るのに10分前後かかる始末である。授業の途中でも奇声を発したり，トランプが始まったりする。一部の生徒はまじめに授業を受けているが，仲間同士では授業の邪魔をする生徒には注意などしないので，教員は一人で問題生徒たちの指導にあたっている。

（山本修司編『実践に基づく毅然とした指導』教育開発研究所，2007年より）

中学校の教師によるこの記述からは，大変そうな教室が目に浮かぶ。さてしかし，この記述をよく読むと，さまざまな「目に見えないもの」が「見られて

いる」ことに気づく。

　a）たとえば，「校舎内のどこにいるかはわからない」生徒たち。物理的にはそこに存在しないにもかかわらず，この記述のなかでは「彼ら」として校舎内のどこかに「いる」。それはつまり，彼らを「見る」ことを可能にする仕組みが教室の中にあるということだ。それはほかでもない，「空席」の存在である。そこにいるべき生徒がいなければ，他のどこかにいるはずだ，というわけだ。それはあたりまえのようであるが，しかしたとえば大学の大教室の授業を考えてみれば，その特異性がわかるだろう。大学の大教室では，「空席」を見てもそこに学生の授業エスケープを「見る」ことはできない。そのため大学では，学生の出席状況を「見る」ために，出席カードなど別の仕組みを必要としている。それにくらべ中学校の教室は，格子状に配列され席順も決められた座席という仕組みによって，生徒の消息を一瞬で「見る」手段を提供している。教師はここで，座席という仕組みをリソースとして，授業エスケープという「問題行動」を「見て」いる。

　b）すると次に気づくのは，冒頭の授業開始のくだりである。空席の存在を利用するためには，まず出席している生徒を全員所定の席に着かせなければならない。また，その前提として，その時が休憩時間ではなく授業時間であることが必要である。そこでこの記述ではまず「授業開始のチャイム」がリソースとして利用され，それによって，生徒の「立ち歩き」が「問題行動」として可視化されている。つまり，チャイム→立ち歩きの可視化→座らせる→空席の可視化→授業エスケープの発見，という一連の手続きが，この記述から読み取れる。これは，中学校の教室の「現場」に特徴的な（たとえば大学の大教室授業にはない）生徒コントロールの「方法論」の一端を示しているだろう。

　c）次に気づくのは「指示」「暴言」である。これらはいずれも抽象概念であって，目（耳）には「見え（聞こえ）ない」。「座るように指示するが，何人かは暴言を吐きながらなかなか指導に従わない」という記述について，たとえば現実に行われたやりとりが「コラお前座らんか！」「うるせえ黙れジジイ！」といったものであったとして，前者を「指示」，後者を「暴言」と正しく（逆ではなく）「見る」ことができるのは，教室で利用可能なカテゴリーすなわち［教

師／生徒］というカテゴリーをリソースとすることによってである。この記述の書き手（教師）と読み手（私たち）はそれを適切に利用することで「見ること」を達成しているといえる。

　d)　おなじように「奇声」というのも抽象概念で，おそらく実際には具体的で有意味な発話（たとえばトランプ中の「やったね！」といった発話や笑い声）なのだろうが，ここでは「奇声」として「見られて」いる。それは，「授業」という状況定義をリソースとして，そこからの逸脱（授業と無関係な内容，授業中にあるまじき声量と興奮の表現，等々）を表わすものとして「奇声」というカテゴリーが用いられているのだと考えられる。逆にいえば，生徒の発話を「奇声」とカテゴリー化することによって，その状況が「授業中」であることを「見ること」が可能になっているともいえる。

　e)　「仲間同士では授業の邪魔をする生徒には注意などしない」という記述について。第一に，ここでは注意を「しないこと」が可視化されている。いうまでもなく，何かを「しないこと」は，物理的に存在しないので，目に見えない。第二に，「仲間」というカテゴリーは，実際の生徒に目印がつけてあるわけでもない以上，抽象概念であって，目に見えないはずのものである。ところがこの記述では，「注意しないこと」の主体として「仲間」が「見られて」いる。つまり，仲間だから注意しない／注意しない者は仲間だ，という循環論が，この記述の可視性を支えているのである。そのうえで，この記述は，「仲間＝注意しない」というカテゴリーが際立たせる「敵＝注意する」を登場させる――「…ので，教員は一人で問題生徒たちの指導にあたっている」。これによって，この記述は，教師と敵対する生徒集団，という「問題」の構図を「見える」ようにする。

　さて，以上に見てきたうち，c) d) e) は，教師によるこの記述のテキストのなかで組織されている「見ること」である。それはおそらく，この教師の等身大の目が「見た」ときの仕組みであり，またその同じ仕組みによって私たちもこの記述からさまざまな「問題」を「見る」ことができる。しかし逆にいうならば，c) d) e) の仕組みを用いないことによって，つまり［教師／生徒］カテゴリーや「授業中」という状況定義を所与のものとせずに見るならば，お

など場面から異なる光景を（したがって，異なる「問題」の構図を）「見る」ことも可能かもしれない。そもそも，ここで記述されている一場面において「授業が行われている」という状況定義そのものもまた，物理的には目に見えないはずのことである。もしも私たちが実際のこの場面に立ち会ったとすると，生徒たちが自由に喋りあいトランプを楽しんでいる時空間を「授業中」と「見る」ことは困難かもしれないし，そもそもそこがひとつの有意味な時空間だということさえ困難かもしれない。「授業」という空間は，もしそれが十分に成立しているのであれば，（「手術室」空間や「就職面接」空間とおなじく）そこに参与する成員たち，つまり教師と生徒たちによって，協働的に達成されているはずのものである。この場面が実際にはどのような時空間として協働的に達成されているのか，を知るためには，やはり実際にこの状況を直接に観察する必要がある。つまり，教師が記述したエスノグラフィーを読むのでなく，教室組織における「見ること」のエスノグラフィーをこんどは私たち自身が行う番だ，ということになる。

　一方，上に見てきたa) b) の次元，すなわち，中学校の教室が「現場」として提供しているリソースの次元に注目して，別の考察も可能かもしれない。繰り返すが，上の記述で「問題行動」と「見え」ていたもの（授業エスケープ，立ち歩き，私語，トランプ等々）は，たとえば大学の大教室の授業ではそれだけ際立って可視化されないと思われる。それは，この生徒たちの振る舞いが実は「問題行動」ではなかったとか，それらを「問題」として「見る」ことは恣意的なレッテル貼りに過ぎない，とかいうことではない。そうではなく，中学校の教室には，生徒たちの特定の振る舞いを「問題行動」として可視化するための仕組みがさまざまに配置されている，ということである。生徒たちの「問題行動」は，いわばそれらの仕組みが「現場」のなかで利用される方法に応じて，「現場」のなかで作り出されているのだ，といえる。逆にいえば，別の仕組みを別の方法で利用するならば，別の「問題」が「見える」ということでもある。たとえばつぎの記述を見てみよう。

(2) スクールカウンセラーの記述

　「お！　今日は予約ないの。ラッキー！　俺予約するって言ってくるわ」と，夜遊び，恐喝，窃盗，授業妨害で先生方を悩ます中学校三年の勝也が，久しぶりに昼頃登校して，そう言い残すとゆらりと職員室に歩いていく。また戻ってきて「カウンセラーが良いと言ってくれたら，カウンセリング受けてこいって。あいつ（担任）『カウンセリングみたいな上等なものお前にはもったいない』って言いよった。だいたいむかつくんじゃ」と，ひとしきり教師たちの悪口を言ったあとに大きなあくび。〈昨日はちゃんと眠ったあ？〉「全く」「昨日はオールでカラオケしていた。眠たい。寝てもいい？」〈相談があったんじゃなあい？〉「あったけど，俺，眠たい」〈じゃあ，時間中どうぞ，ご自由に。時間がきたら起きなきゃいけないよ〉「わかった」。結局，勝也は椅子を並べて気持ち良さそうな寝息をたて眠ってしまった。まだ幼さの残る顔からは，外では手がつけられない行動で周囲を悩ませる勝也とは到底想像できない。
　　　（東千冬「非行生徒への学校心理臨床の実際」『現代のエスプリ別冊　臨床心理士によるスクール
　　　　　　　カウンセリングの実際』村山正治（編），至文堂，2008年より）

　この記述にも，先程の教室の記述に描かれていたような（あるいはそれ以上の）さまざまな問題行動が登場しているようにも見える。しかしこの記述から受ける印象は先程の教室の記述とは大きく異なる。つまり，あきらかに別のものが「見えている」のである。

　f) ここでは「教師達の悪口」は「暴言」として可視化されない。それはこの記述の話者（カウンセラー）が，「教師たち」というカテゴリーから切り離されているからである。また「夜遊び，恐喝，窃盗，授業妨害」が「先生方を悩ます」行動と言われ，「手がつけられない行動」が「周囲を悩ませる」と言われながら，さほど深刻な印象を与えないのも，話者がそこから切り離されているからである。それどころか逆に，話者はこの記述のなかで唯一「悩まされない」存在として際立たされているともいえる。

　g) 勝也は授業を欠席しているが，それは「授業エスケープ」として可視化されない。それは，ここで勝也が担任の許可を得て相談室に「予約」しているからである。それはあたりまえのようにも見えるが，しかし，授業を受けず相談室で相談もせず寝ている生徒の振る舞いを「問題行動」として可視化せずにいることができるほどに，学校組織のなかでカウンセラーに一定の権限が与えられている，ということはやはり注目に値する。

h）カウンセラーという専門職カテゴリーに付随して，この話者には，相談室をリソースとして利用することが組織的に認められている。そこには，他の生徒や教師から「見えない」空間，自由に動かしてベッドにも使える椅子，といったものが配置されている。それらは，「外では」という記述によって逆に際立たされる「内」の空間，カウンセラーと生徒の「内」的交流の空間を，物理的に作り上げる仕掛けとなっている。

　i）「外」の世界から切り離された空間のなかで，この記述が可視化するのは，勝也という生徒の「幼さ」である。生徒の寝顔の「幼さ」は，カウンセラーの等身大の目に「見えた」ことそのままであろう。にもかかわらずそれは，心理カウンセリングの専門性と強く結びついている。つまり，「外」の世界を悩ませるさまざまな振る舞いの深層にある本当の「問題」が，生徒の「内面」にある心理発達のつまづきや課題として「見られ」ているのである。しかし，単に心理学的な専門知識や心理学的な観点を身に付けているだけでは，この「幼さ」を「見ること」は難しい。たとえば教員がいくら心理学の知識を習得しても，教室や職員室といったワークプレースは生徒を無防備に眠らせてその寝顔を見つめるための環境としては不向きであるし，また，教員という仕事役割からも，そのようなことは困難である。その意味で，生徒の寝顔の「幼さ」を「見ること」，そしてそれを「問題」の本質として「見ること」は，学校のなかでスクールカウンセラーが組織的に与えられている職権的リソースや物理的リソース抜きには難しいといえるのであり，いわば相談室という社会的・物理的な状況のなかに埋め込まれているといえるのだ。

4　おわりに ──「見ること」をめぐる組織のエスノグラフィー ──

　私たちの「見ること」はつねに，その「現場」で協働的に編み上げられ，状況に埋め込まれたかたちで成立している。私たちが子どもの「問題行動」を「見る」ときに，そのことを思い出そう。「問題」の鍵が子ども自身のなかにあるのではなく，彼をとりまく状況が「問題行動」を可視化しているやりかたのほうに鍵があるのではないか，と問い直してみることもできるだろう。これが本

章の提案のひとつめである。

　逆にいえば，子どもの「問題行動」を効果的に可視化するためには，どのような方法，どのようなリソースが必要で，そのためにはワークプレースをどのようにデザインすればいいか，という発想も可能だろう。現在ビジネスマネジメントの世界で流行している「見える化」というキーワードはこのことを指している。私たちの「現場」は，トラブルを「見える化」するどのような仕組みをもっているか？　そしてその仕組みをどのようにカイゼンしていけばより効果的になるか？　こうした問いによって組織をとらえなおしてみることが，本章の提案のふたつめである。

　さらにもうひとつの視点。「問題行動」を可視化するのに役立つリソースは，逆にいえば，「「問題」を起こす」のに役立つリソースでもある。校則があるから校則違反ができる。教室が整然としているから「トランプで遊ぶこと」が「教師への反抗」の意味をもつことができる。そのように見ていけば，たとえば教室のような「現場」で何が起こっているのかを，さまざまな成員たちによるリソースの活用という視点から描き出すことができるだろう。そこから見えてくるのは，学校的価値観が地位を失いつつある現在の「現場」のすがた，ということになるだろうが，私たちは自分のエスノグラフィーを始めることで，この第三の提案に答えていくことになるだろう。

考えてみよう

① もし教室が体育館ぐらいの広さだったら（和室だったら，草原だったら）授業はどのように「見える」だろう？　また「問題行動」はどのように「見える」だろう？

② 身近な「現場」には，トラブルや「問題」が「見える」ようになるためにどのような仕組みがあるか，見直してみよう。

【参考文献】
秋葉昌樹，2004，『教育の臨床エスノメソドロジー研究　保健室の構造・機能・意味』東洋館出版社．
上野直樹，2006，「ネットワークとしての状況論」上野直樹・ソーヤーりえこ編『文

化と状況的学習』凡人社.
遠藤功, 2005, 『見える化　強い企業をつくる「見える」仕組み』東洋経済新報社.
岡田光弘・山崎敬一・行岡哲男, 1997, 「救急医療現場の社会的な組織化」山崎敬
　一・西阪仰編『語る身体・見る身体』ハーベスト社.
ガーフィンケル, H., 1987, 「エスノメソドロジー命名の由来」『エスノメソドロジー』
　（山田富秋・好井裕明・山崎敬一編訳）せりか書房.
サッチマン, L.A., 1999, 『プランと状況的行為』（佐伯胖監訳）産業図書.
高山啓子・行岡哲男, 1997, 「道具と身体の空間秩序」山崎敬一・西阪仰編, 前掲書.
レイヴ, J. & E. ウェンガー, 1993, 『状況に埋め込まれた学習』（佐伯胖訳）産業図書.
Pollner, M., 1974, "Sociological and Common-Sense Models of the Labeling Process",
　R. Turner ed., *Ethnomethodology*, Penguin.

第8章 子ども集団のメカニズムと問題行動

―谷崎潤一郎「小さな王国」を題材に―

渡部　真

登場人物
A：大学教師（教育関連学部で社会学を教えている。50歳代，男性）
B：大学生（教育関連学部の四年生。20歳代，男性）

1　はじめに

A　今日は，「子ども集団のメカニズムと問題行動」というテーマで話し合いましょう。
B　ここでの「子ども」というのは，どれぐらいの年齢の人たちを指すのですか。
A　小学生と中学生のことを，主に考えています。
B　今の小学生や中学生の問題行動にはどんなことがあるんですか。
A　そういわれると，すぐにこれというものは，思い浮かびませんね。もともと，「問題行動」とか「逸脱行動」とかは，相対的なものです。ある行為を「問題行動」とか「逸脱行動」と見なす人がいて，はじめて成立するわけですが，それぞれの人間は，みな違う考えをもっているわけですからね。僕が問題行動だと思っても，あなたはそう思わないかもしれない。そう簡単なテーマじゃないんです。
B　そうすると，多くの人が問題と思っている行為を取り上げるしかないのでしょうか。
A　ただ，そういう行為を取り上げるにしても，21世紀に入ってからのこの10

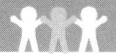

年，これといった顕著な問題現象は見られませんね。1990年代は，「いじめ」，「不登校」，「動機のはっきりしない殺人などの特異な少年非行」，「小学校低学年を中心とした学級崩壊」などを問題として取り上げる人が多かったんです。ただ，2000年代に入ってからは，これらの現象が研究者や行政，マスコミなどに取り上げられることも減ってきています。

　かわりに取り上げられる回数が多かったのは「ゆとり教育」に端を発した「学力低下問題」でしょうか。僕にはもうひとつピンときませんが。「学力低下」が問題として大きく取り上げられたこと自体，いかに他の問題行動が目立たなかったかの証左とも言えると思います。

　いつの時代にも問題を探しまわっている人たちがいるんでね。なにか，子どもの問題が見つからないと安心できないのかな。そこで，やっと見つけたのが「学力問題」。あとは，携帯電話，インターネット，ゲーム，一人遊びなどへの嗜好でしょうか。ほかにはあまり思いつきません。「最近の小中学生の問題行動ってどんな事だと思いますか」と多くの人に聞いてみても，半数以上の人がそろって指摘するような問題はないんじゃないかな。

B　今日は，どんな題材を使って，子どもの問題行動のことを考えるんですか。
A　作家の谷崎潤一郎の『小さな王国』という小説をとりあげて，このテーマを掘り下げてみることにしましょう。

2　「小さな王国」のメカニズム

A　谷崎潤一郎は，1886（明治19）年生まれで，1965（昭和40）年に79歳で死にました。明治，大正，昭和を生ききった文豪で，『細雪』『痴人の愛』『蓼食う虫』など日本文学を代表する作品が沢山あります。また，自然主義や白樺派などのグループに属さず，常に一人で著作を続けました。戦争を賛美するような作品も一切書きませんでした。

　さまざまなジャンルの作品がありますが，この「小さな王国」は"少年物"と呼ばれるジャンルに入ります。1918（大正7）年に発表されましたが，彼の少年時代の実話がもとになっているそうです。短めの中編小説という感じです

が，今日は，資料という形で3つの部分をもってきました。

時代背景は明治時代です。貝島昌吉という36歳の小学校教師が生活苦にあえいで，東京から人口，4，5万の田舎の都市に転任します。小説の最初の部分で，明治時代の小学校教員の経済的に恵まれない状況が詳しく描写されていて興味深いです。

貝島は長い教員生活を経て「正直で篤実で，老練な先生」と評価されていた，という記述があります。ある年，貝島が担任している五年生のクラス（全員男子）に，沼倉庄吉という子どもが転入してきます。特に目立つことのない，おとなしい感じの子でしたが，短期間で，子どもたちの人望を集めます。そのことが，貝島には不思議でしかたありません。

資料1

「先生，沼倉さんを立たせるなら僕も一緒に立たしてください」
こう云ったのは，驚いた事には級長を勤めて居る秀才の中村であった。
「何ですと？」
貝島は覚えず呆然として，摑んで居る沼倉の肩を放した。
「先生，僕も一緒に立たせてください」
つづいて五六人の生徒がどやどやと席を離れた。その尾について，次から次へと殆ど全級残らずの生徒が，異口同音に「僕も僕も」と云いながら貝島の左右へ集まって来た。彼らの態度には，少しも教師を困らせようとする悪意があるのではないらしく，悉く西村と同じように，自分が犠牲となって沼倉を救おうとする決心が溢れて見えた。
「よし，それなら皆立たせてやる！」
貝島は癇癪と狼狽の余り，もう少しで前後の分別もなく斯う怒号するところであった。若しも彼が年の若い，教師としての経験の浅い男だったら，きっとそうしたに違いないほど，彼は神経を苛立たせた。が，そこはさすがに老練を以て聞こえて居るだけに，まさか尋常五年生の子供を相手にムキになろうとはしなかった。それよりも彼は，沼倉と云う一少年が持って居る不思議な威力に就いて，内心に深い驚愕の情を禁じ得なかったのである。

出所）谷崎潤一郎「小さな王国」『潤一郎ラビリンスⅤ』（中央公論社，1998年，pp.129-130）

A 「資料1」は修身の時間におしゃべりをしていた沼倉を貝島が叱り，罰しようとしたところ，同級生が皆，自分も罰してほしいといいはって，貝島が困

る場面です。日頃，沼倉は私語をしないのに，なぜ，その日に限ってうるさかったのか，貝島には原因がわかりません。同級生が，皆「自分も立たせてください」というのは，もっと訳がわからず，貝島は混乱してしまいます。

B　結局，その理由は，わかったのですか。

A　貝島の長男の啓太郎が，ちょうど同じクラスに在籍しています。そして，家で父親に問い詰められて重い口を開きます。「沼倉って云う子は悪い子供じゃないんだよ，お父さん」というのが第一声です。なぜ，修身の時間に沼倉が私語をしたのかについて，あれは，沼倉がわざとやったことで，自分の部下の者（すなわち全体の生徒）が，どれだけ自分に心服し，忠実であるか試験するためにやったのだといいます。「あの日のあの事件の結果として，沼倉は，級中の総ての少年が一人残らず彼の為に甘んじて犠牲になろうとしたこと，そうしてさすがの先生も手の出しようがなかった事を，十分にたしかめ得たのである」と書いてあります。

　そのあとの啓太郎の告白の部分が，「資料2」になります。

資料2

　単に腕力から云えば，必ずしも級中第一の強者ではない。相撲を取らせれば却って西村の方が勝つくらいである。ところが沼倉は西村のように弱い者いじめをしないから，二人が喧嘩をするとなれば，大概の者は沼倉に味方する。それに相撲では弱いにも拘わらず，喧嘩となると沼倉は馬鹿に強くなる。腕力以外の，凛然とした意気と威厳が，全身に充ちて来て，相手の胆力を一と呑みに呑みこんでしまう。彼が入学した当座は，暫く西村との間に争覇戦が行われたが，直に西村は降参しなければならなくなった。「ならなくなった」どころではない，今では西村は喜んで彼の部下となって居る。実際沼倉は「己は太閤秀吉になるんだ」と云って居るだけに，何となく度量の弘い，人なつかしい所があって，最初に彼を敵視した者でも，しまいには唯々として命令を奉ずるようになる。西村が餓鬼大将の時分には，容易に心服しなかった優等生の中村にしろ鈴木にしろ，沼倉に対しては最も忠実な部下となって，ひたすら彼に憎まれないように，おべっかを使ったりご機嫌を取ったりして居る。啓太郎は今日まで，私かに中村と鈴木を尊敬して居たけれど，沼倉が来てから後は，二人はちっともえらくないような気がし出した。学問の成績こそ優れて居ても，沼倉に比べれば二人はまるで大人の前へ出た子供のようにしか見えない。——まあそんなわけで，現在誰一人も沼倉に拮

> 抗しようとする者はない。みんな心から彼に悦服して居る。どうかすると随分我が儘な命令を発したりするが，多くの場合沼倉の為す事は正当である。彼はただ自分の覇権が確立しさえすればいいので，その権力を乱用するような真似はめったにやらない。たまたま部下に弱い者いじめをしたり，卑屈な行いをしたりする奴があると，そう云う時には極めて厳格な制裁を与える。だから弱虫の有田のお坊ちゃんなぞは，沼倉の天下になったのを誰よりも一番有難がっている――
>
> 出所）同上　pp.133-135

B　沼倉が同級生にやっていることは，おおむね良いことと子どもたちにはとらえられていたようですね。卑劣な行為やいじめをしている子どもがいると，「極めて厳格な制裁を加える」といったことも含めて。

A　ただ，「部下」「おべっか」「ご機嫌を取る」という言葉も出てくるわけです。他の子どもが，喜々としてこうした体制に従ったという点も興味深いですね。僕は，ドストエフスキーの『カラマーゾフの兄弟』の大審問官の場面を思い浮かべました。多くの人にとって，自由や自分で考えて行動することは重荷で，誰かに支配され命令された方が気楽で幸せなんだという所ですが。

B　この「資料2」の場面は，問題行動のような問題行動でないような難しい所ですね。外から見ると，まとまった良いクラスに見えるでしょうし。もし問題があるとするなら，子ども一人ひとりの心の問題でしょうか。

A　「こんなことでいいのか」と思う子どもが出てくるか出てこないかという問題だと思いますが，少なくともこの小説では，そうした子どもが出てこないのですね。沼倉が絶対権力を掌握して，逆らう者が全くいない。

　僕は，これはまれに見る問題状況だと思いますけどね。これ以上に悪いことはちょっと考えられないくらい悪いことなんだと思います。ただ「こんなことでいいのか」と思う子どもが出てきて反旗をひるがえしたとしても，結局，同じことがくりかえされるというケースが多いわけです。反旗をひるがえした人が，新たな支配者になるというか，ボスが新しい人にかわっただけでね。こういう「一つにまとまってしまう」集団の構造自体に問題があるんです。

> 資料3
>
> 「先生がお前を呼んだのは，お前を叱る為ではない。先生は大いにお前に感心して居る。お前にはなかなか大人も及ばないえらい所がある。全級の生徒に自分の云い付けをよく守らせると云う事は，先生でさえ容易にできないのに，お前は其れをちゃんとやって見せて居る。お前に比べると，先生などは却って恥ずかしい次第だ」
> 人の良い貝島は，実際腹の底から斯う感じたのであった。
> （中略）
> 「そこで先生は，お前が此の後もますます今のような心がけで，生徒のうちに悪い行いをするものがあれば懲らしめてやり，善い行いをする者には加勢をして励ましてやり，全級が一致してみんな立派な人間になるように，みんなお行儀がよくなるように導いて貰いたい。此は先生がお前に頼むのだ。とかく餓鬼大将と云う者は乱暴を働いたり，悪いことを教えたりして困るものだが，お前がそうしてみんなの為を計ってくれれば先生もどんなに助かるか分からない。どうだね沼倉，先生の云ったことを承知したかね。
> 意外の言葉を聴かされた少年は，腑に落ちないような顔をして，優和な微笑をうかべている先生の口元を仰いで居たが，暫く立ってから，ようよう貝島の精神を汲み取る事が出来たと見えて，
> 「先生，分かりました。きっと先生の仰る通りにいたします」
> と，いかにも嬉しそうに，得意の色を包みかねてニコニコしながら云った。
>
> 出所）同上，pp.135-137

A 「資料3」は，教師の貝島が，餓鬼大将の沼倉に，学級経営についての協力を求めている場面です。

B こういうことって，実際にもあるんでしょうか。

A これほど，露骨なことはないでしょうが，もう少し薄い色の要請とか，暗黙のなかの了解とかは，あるんじゃないかしら。嫌な場面ですけどね。

B このあと，沼倉はどんな行動を取るんですか。

A 先生に協力を要請されて大変喜んだ沼倉は，いろいろな政策に着手します。箇条書きすると，次のようになります。1）授業中，姿勢を崩した生徒が居ると，閻魔帳を出して，罰点を加える。2）欠席者には，欠席の理由を届けさせたうえ，秘密探偵を放って，仮病でないかどうかを調べる。3）大統領になっ

た沼倉を補佐する副統領，監督官，裁判官，副官，大蔵大臣などの役職を作る。4）紙幣を印刷し，役の高下に応じて大統領から月給の配布を受ける。ちなみに，沼倉の月俸が500万円，従卒が1万円。5）両親から小遣い銭をもらったものは，総てその金を物品に変えて彼らの市場に出さなければならない，6）ぜいたくな玩具を持っている子どもたちは，度々大統領の徴発にあって，いやいやながら，それを手放さなければならなかった，などです。

　つまり，完全な「沼倉王国」ができあがり，批判する者は誰もいないということになりました。このあたりは，大林宣彦監督の「ねらわれた学園」という映画のストーリーに似ていますね。あの映画の主題は，一言「スターリン主義批判」という言葉でまとめられると思ってましたけど，『小さな王国・高校生版』ともいえそうです。

B　経済政策は「ネズミ講」や「マルチ商法」に少し似てますね。いずれ，行き詰まるんでしょうが。こうした行為は，ばれずにすんだんですか。

A　ここでも，貝島教諭の息子の啓太郎が大きな役割を果たします。家が貧しく，ほとんど小遣いがないはずなのに，いろんな品物を家に持ってくることを母や祖母に疑われ，最後は父親の貝島にもその秘密を漏らしてしまいます。

　ただ，この作品が非凡なのは，そこで終わるのではなく，貧困生活に耐えかねた教師の貝島が，その沼倉というはんこが押してある偽札を，偽札とわかっていて実際に商店で使ってしまおうとした点にあります。

B　少し，頭がおかしくなってしまったのでしょうか。

A　そうだと思います。おもしろい小説ですので，よかったら是非，読んでみてください。インターネットや携帯電話の電子書籍にもなっています（谷崎潤一郎『美食倶楽部』（筑摩eBOOKS）に収録）。

③　子ども集団の問題行動

B　たしかに興味深そうな小説ですが，この小説から子どもの問題行動について，どんなことがいえるんでしょうか。

A　さすがに，谷崎潤一郎の小説だけあって，達意な文章で子どもたちの状況

を生き生きと描いています。話の展開が興味深いだけではなく，迫力とリアリティーに満ちています。いくつか，ポイントになりそうな点をあげてみましょう。

　第一に，出てくる子どもが，今の子どもと大きくは変わらない様子がわかります。今の大人と変わらないといってもよいほどで，集団のなかで右往左往しながら自分のポジションを探しあてようとする人間の姿が描写されます。そのなかで，沼倉という転校生は短期間のうちに，「餓鬼大将」という地位を確立し，同級生をすべて自分の家来にしてしまうわけですが。今に通じる人間像です。

　こうした経過が読者によくわかるのは，この集団を描くのに，谷崎が一人ひとりの登場人物に，きちんと名前をつけ，脇役に至るまで粗略にあつかわなかったからです。2000年に封切られた深作欣二監督の「バトルロワイヤル」という映画もそうでしたが，登場人物すべてに名前がついていると，集団内の緊迫感が生でこちらに伝わってきますね。

　人を束にして，抽象名詞だけ，たとえば「——のような人たち」「——型」といったようにだけ語られると，僕らは，その人たちをイメージしにくいんです。
B　この小説では，沼倉は「餓鬼大将」，中村，鈴木は「優等生」，有田は「弱虫のお坊ちゃん」と書かれていますね。
A　「優等生」「弱虫のお坊ちゃん」とだけ書くより，迫力が出るわけです。もちろん，一人の人間が変化していくこともあるわけですが，やはり，名前をつけて信用できるレベルは個人までで，それ以上まとめて一緒くたに「——型」などと名づけると，間違っちゃうことが多いんでしょうね。僕も，研究の上で，随分やってしまったことがありますが。

　もうひとつ，われわれ研究者が犯しがちな間違いは，最近の現象をすぐに「新しいもの」「これまでにはなかったこと」と勘違いしてしまうことです。この大正時代に書かれた小説は，明治時代の小学校生活を描いているわけですが，「この行動の意味は理解不能だ」といったことは，教師，子どものどちらにもありませんね。まさに，平成の子どもが毎日繰り返している行為そのままなんです。たとえば，「弱い者いじめ」といった言葉が，この小説のなかで何度か出てきます。最近は，「弱い者」の所を省略することが多いですが，言葉の内実は変わりません。

さらにいえば，この小説のなかの子どもの振るまいが，大人と何ら変わらない点にも着目したいですね。「子どもだから」なんてことはいえないわけです。この小説に描かれているような愚かしいことを僕たちは毎日やっています。特に，集団の一員になったときの行いですが。このことは，また，あとで触れましょう。

B　この小説を読んでいて，よくわからない点ってありましたか。

A　この作品は，谷崎の子どものころの実話だそうですが，谷崎がこの話のなかで，誰に相当するのかが，わからないんです。それは，不思議なくらい描かれていない。自分を消し去った小説です。そこは，この作品のとてもミステリアスな部分です。作者が，神様の位置というか，天井の上からこのクラスを見下ろしています。そのため，話の客観性は高まっていると思います。

　たぶん，自分をはっきり一人の登場人物の位置に置いて「私は──」という形で書くか，この小説のように「私」を全く消し去って，天井の上から描くかどちらかがいいんで，そうでないと中途半端な描写になってしまうんでしょうね。僕は，「子どもの谷崎自身」が登場するもうひとつの「小さな王国」も読んでみたかったです。未完に終わった夏目漱石の「明暗」の続編を書いた水村早苗という女流作家もいたから，みんなで挑戦してみてもおもしろいと思いますけどね，「新・小さな王国」を。自分がこのクラスにいたら，どう行動するかという視点から新たに小説を作ってみるということですが。

B　この作品は明治時代の小学校5年生のクラスを描いていますが，男子だけの世界ですね。女子がいると，また状況が違うのでしょうか。

A　男子だけのクラスにくらべると，男女両方がいるクラスは，ひとつにまとまりにくいでしょうね。「王国」は成立しにくい。特に小学校高学年は，男女はっきり2つに分かれてしまうことが多いですから。また，女子は，いくつかのグループに分かれて，そのグループ間に橋の架からないことがよくあるといわれます。グループが違うと，ほとんど遊ばないというように。その点，男子の方が，最終的にひとつにまとまってしまう。それで，「王国ができてしまう」という特徴があるようです。

B　この沼倉という主人公のパーソナリティーについてどう思いますか？

A　谷崎は，転校生，餓鬼大将，大統領といった言葉で彼を説明していますが，それ以上に，いくつもの行動から彼を描写しています。最後は，クラス全体をまとめ，さまざまな役割や階級を作りあげ，偽札の発行までしてしまうわけです。

　ただ，彼の氏素性というか属性が紋切り型でないところが，すばらしいですね。「東京から流れ込んできたらしい職工の倅」「卑しい顔立ちや垢じみた服装」「裕福な家の子ではない」とはじめに紹介されていて，その後，「学力もそれほど劣等でないらしく」「温順」「無口なむっつりとした落ち着いた少年」であることが，教師の貝島の目に明らかになったと記されています。

　最近，文部科学省の実施した「学力テスト」の結果を分析した研究者たちが，「家庭の所得と子どもの成績の間には相関がある」といったことを発表して，鬼の首を取ったようですが，物事はそう単純ではないわけです。その結果は，あくまで確率の問題にすぎないわけで，一般化しすぎています。個人のレベルを超えて論じると間違えることが多くなるんでしょうね。成績と所得の相関だって，貧乏な家の優等生なんて掃いて捨てるほどいるわけです。

　この小説で，沼倉が大金持ちの息子なんかだったら，もっと底の浅い紋切り型の小説になってしまっていたでしょう。子どもの人間関係を作ってゆくのは，一人ひとりのパーソナリティーをはじめとした，もっとデリケートな要因です。そのあたりの事情を，この小説は大変見事に描いています。

B　「餓鬼大将」という言葉が使われていますが，集団内のリーダーと言い換えられるわけでしょうか。

A　それでよいと思います。子どもたちのなかから自然に発生したインフォーマルなリーダーなわけですが，教師の貝島は，それをフォーマルなリーダーに仕立て上げ，自分の学級経営や児童指導に利用しようとするわけです。

　ただ，この沼倉という子どもは頭が良くて，リーダーのもつべき二面性をとてもよく理解しています。転校生という不利な状況にありながら，短期間でクラスを制覇してしまう。

　なぜ，クラスメイトが彼になびいたかについては，いろいろな表現が用いられていますが，「資料2」の貝島の息子の啓太郎の話を読むとよくわかります。

「弱い者いじめをしない」「喧嘩が強い」「凛然とした意気と威厳」「なんとなく度量が弘い」「人なつっこい所がある」「大人に見える」などで，小学校上級生の子どもたちが，こうした沼倉の性格を好んだと書いてあります。

しかし，一方では，以下のような記述もあります。「随分我が儘な命令を発することもある」「その権力を乱用するような真似は滅多にやらない」「極めて厳格な制裁を与える」「かれは，ただ自分の覇権が確立すればよい」。

特に最後の「覇権の確立」がリーダーにとって，最も大切なことなんじゃないでしょうか。

僕は，「集団嫌い」「リーダー嫌い」「一人好き」を公言してますから，かまわずいってしまうと，リーダーのもつ他の特性は，覇権の維持のためにあるように思えてなりません。それは，どんな集団，どんなリーダーでも当てはまりますね。だから，集団のリーダーになってそれを維持しようなんていうのは，随分手間暇のかかるめんどくさいことなんです。よくあんなめんどくささに耐えてみんながんばるなと思ってしまいます。

リーダーが一番大切にしたいものは，「覇権」で，他の特性は，その維持のためにあると僕は思います。この小説のなかでも，子ども集団のなかに上下関係，支配と非支配の関係が歴然とあったと語られています。

特に小学校は，強制的にどのクラスに入るか学校によって決められ，途中で，ここは嫌だといって逃げるわけにもいかず，多くの時間をそこで過ごさなければなりません。それに，この小説のように教師が妙な力を加えてくると，いっそうその一体性，密室性は強まります。

僕が集団のなかにいて，一番強く感じるのは「居場所がない」という感覚です。多くの人は，そこで，他の成員を値踏みして，なんとか自分のポジションを得ようと必死になります。不愉快な思い出ばかりです。一言でいうと「ああ，いやだ，いやだ」です。まさか，リーダーになろうとか思ったことは一度もないですが，快適なポジションを得ようとするのさえ，普通の人間にはなかなか難しいことだと思います。

ただ，たしかに，この小説の沼倉のような，リーダーになることを生き甲斐にしているような人間もいることは間違いないですね。僕なんかと対極に位置

する人たちです。この辺のどろどろとした話は，誰も口には出さないけど，みんな感じていることだと思います。子どもたちももちろん同じです。学校とか教師とかが子どもから信頼されないのも，この辺の話を全部とっぱらっちゃって「みんな仲よく」とか「理想のクラス」とかいった，きれいごとをいうからでしょうね。

　沼倉という生徒は，自分が大統領になり，偽札まで発行した。つまり，やり過ぎた。それに，教師の貝島の息子の啓太郎がたまたま同じクラスにいたので，事態が発覚しますが，もっと小規模で発覚しないケースは無数にあるでしょうね。そして，それは「良いクラス」「まとまりのあるクラス」と言われていることも多いはずです。

　この小説のなかで沼倉少年のやっていることは，あくまで大人社会の模倣なんですね。いじめなどの一目で反社会的と認定されてしまう行為とは違い，あくまで向社会的，しかし，人々を苦しめる行為を彼はするわけです。

　この本の千葉俊二さんの解説を読むと，作家の伊藤整が書いた「この作品は少年の世界に形を借りたところの，統制経済の方法が人間を支配する物語である」という文章を紹介しています。そして1917（大正6）年のロシア革命との関連についても記述していますが，なにもロシア革命に言及せずとも，こうした「集団化」に巻き込まれて生きていかざるをえない生活が，われわれの日常にもあふれかえってます。

B　集団やリーダーについて取り出して書かれたものってあるんですか。
A　僕は，1994年に伊藤茂樹さんと共著で『生徒指導の理論と実践』（樹村房）という本を作ったんですが，その時，少し集めてみたことがあります。もう15年前になるんですが。幸い手元にあるので，少し紹介してみましょう。

　「つまり共同性というものは，だまってれば必ず，その中の個人をやくざ者に，駄目にしちゃうものだと，僕には思えますね。」（吉本隆明『吉本隆明全集15』）

　「偉大な指導者というのは常に神話である。例外はない。集団が『偉大な指導者』を見出したという幻想に囚われていた時期は，その集団がもっとも破壊的な愚行に走っていた時期であることが，あとからわかる」（岸田秀『続ものぐさ精神分析』）

第8章　子ども集団のメカニズムと問題行動

「『みんな仲間だ』なんてのは，『人類は兄弟』というのと同様，いくらか嘘っぽい。『仲間』の名のもとにイジメられたりしては，わりがあわない」（森毅『グッバイ・管理主義』）

B　どれも，集団，仲間，リーダーといったものに否定的ですね。

A　僕は15年前もこうした人たちの考え方に共感しましたが，年をとってきて，そうした思いは強まるばかりです。16世紀のフランスの文人のモンテーニュは，『エセー』という本の中で「自分を，他人に結びつけるあらゆるつながりから引き離そう。自分の上に本当にひとりで生きる力を獲得しよう」と書きましたが，まさにそういった心境です。

B　ただ，学校に行っている子どもは，集団のしがらみからは逃れられないですよね。

A　たしかにそうなんです。なんとか所属集団に適応していかなければならない。とても困難なことを子どもたちに強いているように僕には思えます。

　「みんなと仲良く」みたいな表面的な言い方を親や教師はするし，実際に習得しなければならない「集団のメカニズム」や，「そこへの適応方法」については，だれも教えてくれない。自分で考えて，なんとか所属集団内での自分のポジションを得るしかないわけです。このような形で，「大人のいう理想論」と，「現実世界で学んでいかなければいけないこと」の間には大きな乖離があることを，子どもたちは嫌々ながら認識してゆくというわけです。こういうことは，なくてすめば，ない方がいいと思うんですけどね。

B　この『小さな王国』という小説と子どもの問題行動をどう結びつけて考えたら良いのでしょうか。

A　最初に述べたように「問題行動」とか「逸脱行動」というのは相対的なものです。見る人の考え方によって問題になったり，ならなかったりする。ただ僕は，人々が「個人化する過程で生じる問題行動」と「集団化する過程で生じる問題行動」があると思います。ニート，引きこもり，不登校，モラトリアム青年などは，当該の青少年の「個人化の過程」での問題ととらえられています。それに対して，この小説の学級集団やいじめの問題は，「集団化の過程」の問題と考えられます。

ただ，日本社会は集団主義の社会といわれることからもわかるように，「集団化の過程」から生じる問題には甘く，「個人化の過程」から生じる問題には厳しいといえるんじゃないでしょうか。偽札を作ったり，いじめで死者が出たりすれば，人々は騒ぐけれど，そこまで行かなければ，問題として考えられることは少ない。逆に，「まとまりの良いクラス」といわれたりする。「みんな仲よく」の世界にメスは入らない。先生方も，にこにこ顔です。

　「個人化の過程」は，過程の存在そのものに問題を包含していると，社会の統制者や教育関係者は考えがちです。彼らにとって，はなはだ都合の悪い事態ですからね。「個人化」に向かう子どもや若者の行動や意識に対しては，激しい攻撃が加えられます。

　でも僕は，「集団化の過程」のなかで，人々がしたくもない我慢を強いられるのが一番良くないと思うし，保守的な社会学者と考えられているフランスのエミール・デュルケームも，近代社会のなかで「個人化」の流れが大きくなるのは必然と考えていました。良いとか悪いとかをはなれてね。

B　そうすると，「個人化」の過程で生じる，いわゆる「問題行動」には目をつぶり，「集団化」の過程で生じる子どもの問題行動をもっと詳細に見てゆくべきだということになりますか。

A　少なくても僕はそうです。この小説のなかで描かれている『小さな王国』なんて，どんよりした曇り空の下の自由のない生活で一番いやですね。神経がすり減ります。また現在でも時々，教育研究者のなかから「餓鬼大将待望論」があらわれますが，僕はとんでもない暴論だと思います。理不尽な人間関係や個人を圧迫する無法な力が，そこでは働きます。

B　今後，子どもの生活は「個人化」「集団化」のどちらに進んでいくと思いますか。

A　大人になって，職業生活や家庭生活に絡め取られると，「個人化」を積極的にすすめていくことは，なかなか難しくなります。その点，子どもや若者には可能性があります。それだけに，社会の統制者からの「個人化」への攻撃はいっそう強くなるでしょうが。「好き勝手なこと，やっていやがる」「ちっとも，おれたちの方を見ない，尊敬しない」ということで。

B　長期的に見ると，どんな予測ができますか。

A　一言で言わせてもらうと，僕は楽天的です。いろんな変遷はたどるでしょうが，長期的に見れば，青少年を中心に「個人化」の方向へベクトルが大きく転換すると思っています。

『小さな王国』は100年以上前の世界で，今でもおこりえる話ですが，これから50年，100年たてば，さすがに絵空事になっていくんではないでしょうか。その際，先頭をきるというか先達になると期待できるのは，社会的役割を押しつけられていない，各時代の子どもや若者ということになりますね。今日は，これぐらいにしておきましょう。

考えてみよう

① あなたが『小さな王国』のクラスに在籍しているとしたら，どのような行動をとるだろうか？

② 「個人化の過程の問題行動」と「集団化の過程の問題行動」の大きな違いはなんだろうか？

〔付記〕本章で扱った，「子ども集団の問題」は『私説・教育社会学』（世界思想社，2010年刊）という本の中でも詳しく論じています。そちらも読んでいただけると幸いです。

【参考文献】

谷崎潤一郎，1998，『潤一郎ラビリンスⅤ』中央公論社．
渡部真・伊藤茂樹，1994，『生徒指導の理論と実践』樹村房．
渡部真，1997，『90年代の青春』増進会出版社．
渡部真，2002，『ユースカルチャーの現在』医学書院．
渡部真編，2005，『現代のエスプリ　モラトリアム青年肯定論』460号，至文堂．
渡部真，2006，『現代青少年の社会学』世界思想社．
渡部真，2010，『私説・教育社会学』世界思想社．

第9章 ジェンダーと子ども問題

―女の子の生きづらさ，男の子の生きづらさ―

谷田川 ルミ

1 はじめに

「男性は外で働き，女性は家庭で家事や育児をする」。このような，性別による役割分担の考え方は，一般的に「性別役割」と呼ばれている。この背後には，「男性は外で働き，女性は家庭で家事や育児をする"べき"」という，社会から期待されている「望ましさ」が存在している。このように，社会的に付与された，性別によって異なる規範は「ジェンダー規範」と呼ばれている。

「ジェンダー規範」は，私たちの身のまわりに，ごく当たり前のように存在している。

「男の子なのだから泣いてはいけません！」

「女の子なのだからお行儀よくしなさい！」

上記は，大人が子どもに対してよく使う叱り文句である。多くの人は，このいずれかを言われたり，言ったりしたことがあるのではないだろうか。これは，「（外で働くべき）男性は強く，（家庭を守るべき）女性はしとやかに」という「ジェンダー規範」から生まれたものである。そして，「ジェンダー規範」に沿った男性／女性イメージが，いわゆる「男らしさ，女らしさ」と呼ばれるものである。しかし，実際には，おとなしくもの静かな男の子もいれば，強く逞しい女の子だって存在している。このように，「ジェンダー規範」や「男らしさ，女らしさ」とは，「男の子は強い」「女の子はしとやか」という事実を表してい

るのではなく，「あるべき姿」といった理念型としての男性／女性像であるといえるのである（江原・山田編，2003，p.33）。それゆえに，このような「ジェンダー規範」や「らしさ」は，時としてそれにあてはまらない者たちにさまざまな葛藤を与えることになる。

本章では，このような，ジェンダーに関わる「規範」や「らしさ」の縛りによって生じる，現代の子どもたちの葛藤に焦点を絞って考えてみたい。

② 「子ども」とジェンダー

(1) 子どもをとりまくジェンダー規範

子どもは生まれた時から，「ジェンダー規範」のなかで生活することとなる。たとえば，ベビー服を着せる場合，男の子には爽やかなブルーのものを，女の子にはかわいらしいピンクのものを選択することが多い。また，名前をつける時も，男の子には逞しさや大きさを連想させるイメージの名を，女の子にはかわいらしいイメージの名をつける傾向があるようである。人は生まれて間もない時から，性差を明示する服を着て，性差を明示する名前で呼びかけられているのである（木村・小玉，2005，pp.41-42）。

幼児期になると，大人が子どもに与える衣類や玩具などには，さらに性別による差が明確になる。服装をみてみると，男の子はシンプルで動きやすいズボンのスタイルが主流であり，女の子はフリルやリボンのついたかわいらしいものや，スカート，ワンピースといったスタイルが多い。また，玩具に関しても，車や飛行機，戦隊ものといった男の子向け玩具，人形やおままごとの道具といった女の子向け玩具がメーカーによって展開され，大人たちは，子どもの性別に合わせた玩具を買い与えたりする。

このように，子どもに対して大人が与えるものの性差の事例からは，大人たちが，男の子には，強さ，逞しさ，活発さなどを求め，女の子にはかわいらしさ，優しさ，家庭性などを求めていることがうかがわれる。これらは，すべて，「（外で働くべき）男性は強く，（家庭を守るべき）女性はしとやかに」といった「ジェンダー規範」を反映している。大人たちは，子どもをまず「男」と

「女」に二分して，それぞれにふさわしい（とされている）ものを与えているのである（木村・小玉，2005，p.50）。

(2)「らしさ」をめぐる子どもたちの葛藤

子どもたちは，「男の子らしさ」，「女の子らしさ」と同時に，「子どもらしさ」というまなざしを社会から受けている。では，「子どもらしさ」とは，どのようなものなのだろうか。

アリエス（Aries, P.）によると，「純真無垢」，「愛らしさ」という「子どもらしさ」のイメージは，大人から見た子どもの姿であり，ヨーロッパの近代化と経済発展により，ゆとりをもった社会が生み出したものであるという（Aries, 1960＝杉山・杉山訳，1980）。現代の日本においても，一般的に「子どもらしさ」とは，「元気」，「活発」，「無邪気」，「素直」といったイメージで語られることが多い。そしてまた，こうしたイメージは，社会が「大人」とは異なる存在としての「子ども」に対して与えたものなのである。

さらに，子どもたちは，「子どもらしさ」と並行するかたちで「男の子らしさ」，「女の子らしさ」というイメージを社会から暗黙のうちに要求されている。

まず，「男の子らしさ」から考えてみよう。「男の子らしさ」とは，前述のとおり，「社会で働き，一家の大黒柱として経済的な面を担う存在としての男性」という「ジェンダー規範」から派生している。そして，一家の大黒柱としての男性は，経済的にも肉体的にも，女性よりも優位であることを求められている。さらに，社会での競争にも勝たなくてはならないため，男性同士の間においても，常に優位となる努力を要求される。よって，「男の子らしさ」とは，「強い」，「元気」，「活発」といった身体面・行動面と，「優秀さ」，「競争心」，「冷静さ」といった心理面・才能面の双方からイメージされている。男の子は，幼いころから，元気な体と強い心をもち，さらに優秀であれ，というプレッシャーのなかで成長していくこととなる。

一方，「女の子らしさ」は，「夫を支え，子どもを産み育て，家庭を守るべき存在」という「ジェンダー規範」を軸としてイメージされている。いずれも，妻・母役割が想定されているものと思われるが，それとともに，男性からの性

的な対象としての存在であることも求められている。つまり，女性に対しては，男性の性的な対象として魅力的であるという側面と，結婚後は家庭を守り，子どもを養育するという良妻賢母的な側面という，性質の異なるイメージが要求されている。よって，女の子には，「優しさ」，「しとやかさ」，「従順」，「家庭的」といった内面的なことと，「かわいらしさ」，「美しさ」といった外見的なことが暗黙のうちに要求されることとなる。女の子は，幼いころから，かわいらしく着飾り，面倒見の良さやお手伝いをよくすることなどを周囲から期待され，2つの異なる「女の子らしさ」イメージの間で揺れ動きながら成長していく。

　さて，子どもたちは，これまで述べてきたような「子どもらしさ」と「男の子らしさ」「女の子らしさ」という，複数の「らしさ」の要請を社会から受けているのであるが，これらの「らしさ」の間には，しばしば矛盾が生じることがある。「元気」，「活発」といった「子どもらしさ」は，「男の子らしさ」とはほぼ一致しているといってよいが，「しとやかさ」，「従順」といった「女の子らしさ」との間には，ギャップが生じている。女の子は，幼い時分には，元気で活発であるという「子どもらしさ」を併せもつことが許されている。こうした「女の子らしさ」との矛盾は，「お転婆」，「じゃじゃ馬」といった言葉によって表現されることがある。必ずしも，良い意味でばかり使われるわけではないが，「子どもらしさ」という大人や社会が望む子ども像と一致しているといった点から，微笑ましいものとして許容されている。しかし，それは，社会が「子どもらしさ」を許容する期間のことであって，「女の子」が「少女」になり，「女性」となっていくにつれ，従来の「女らしさ」の要求に飲み込まれていくこととなる。

　子どもたちは，生まれたときから「ジェンダー規範」から派生する性別による役割期待を背負わされている。そして，それは「子どもらしさ」というイメージと複雑にからみあっている。このように，子どもたちは複雑な「らしさ」の要求のなかで，多くの葛藤を経験しながら「ジェンダー規範」を内面化していくのである。

3　子どもたちの「ジェンダー規範」体得のプロセス

(1) 家庭・家族

　多くの子どもたちが，最初に所属する社会集団は家族・家庭である。家庭のなかには，多くの「ジェンダー規範」が存在し，子どもたちは養育者である親や家族の働きかけや，彼らの振る舞いをモデルとして，規範を内面化していくこととなる。たとえば，父親と母親の役割の違いは，日常の家庭の風景となっているため，子どもたちにとっては，「当たり前」のものとして内面化される。そのため，父親が働き，母親が家事を中心にしている家庭の場合，子どもにとっては，「男性が働き，女性が家の仕事をする」という「ジェンダー規範」は，自然に身についていくこととなる。一方，共働きの場合や自営業の家庭で，両親が仕事と家事を双方で分担している場合などは，「男性も女性も働き，家事もする」という意識が醸成されることとなる。また，異性のきょうだいがいる場合には，前述したように，衣服やおもちゃの選択など，親や家族の性別による働きかけの違いも，子どもたちのジェンダー意識に大きな影響を与えることとなる。

(2) メディアの影響

　子どもたちは，テレビ，ゲーム，絵本や雑誌といったメディアなどからも，「ジェンダー規範」を表象する大量の情報のなかで成長している。たとえば，ロングヒットのアニメ「ドラえもん」や「サザエさん」，「ちびまる子ちゃん」などでは，典型的な「働く父親と家事をする母親」家庭が描かれている。また，幼児向けの戦隊もののアニメにおいても，硬質な外観で戦うキャラクターが登場する「男の子向け」のもの，キュートな容姿の少女戦士が主人公の「女の子向け」のものが意識的に製作されている。これらのキャラクターは，衣類や靴などにプリントされて販売されており，男児用の衣類には「男の子向け」アニメのキャラクターが，女児用の衣類には「女の子向け」のアニメのキャラクターがプリントされている。

このように，メディアのなかにも「ジェンダー規範」の網が張り巡らされている。子どもたちは，こうしたメディアの情報から「男の子らしさ」「女の子らしさ」を自然に身につけていくのである。

(3) 地域社会と仲間集団

子どもたちは，成長とともに行動範囲が拡大し，家庭内から近隣の子どもたちとの仲間集団へと参入していく。ここでは，子ども同士の関係性からジェンダーを学んでいくこととなる。伊藤公雄は，クーリー（Cooley, C.H.）の「鏡の中の自己」という概念を用いて，家族や近隣集団，仲間集団といった「第一次集団」とのコミュニケーションを通して，他者が身につけている性別役割を模倣しつつ，社会的に期待されている役割を自分の役割として身につけていく過程であると説明している（伊藤・牟田編，1998, p.24）。親や家族もさることながら，地域の大人たちや近隣の仲間とのやりとりは，子どもたちが，社会から期待される「男らしさ」「女らしさ」という規範を身につける重要なファクターとなっているのである。

(4) 保育園，幼稚園

子どもたちは，近隣の仲間集団との関係のほかに，保育園や幼稚園といった，幼児期の集団施設教育の場においても仲間や先生といった存在から，暗黙に「ジェンダー規範」を学び取っている。

森繁男（1989, 1995）は，幼稚園における観察を行い，お弁当の時間などに，教師が園児たちを統制するために「男の子」「女の子」というカテゴリーを使用することは，園児たちをまとめるのが困難な「お弁当の時間」をスムースに進行させるための「手段」であったにもかかわらず，それが意図せざる結果として，子どもたちのジェンダーの社会化に影響を与えていることを明らかにした。

また，藤田由美子（2004）の観察においても，幼稚園内では，朝や帰りの「お集まり」や体操の時の整列，年長のクラスの楽器演奏や体育などの教育活動は，すべて男女別になされており，子どもたちは，こうした園での活動や遊びを通

して,「男」「女」というジェンダーの二分法や非対称なジェンダーを自明なものとして学び取り,自らの生活世界に適用している様子が報告されている。

このように,幼児教育において,インフォーマルなかたちで発信される「かくれたカリキュラム」[*1]ともいうべき「ジェンダー規範」のメッセージを子どもたちは受け取り,理解し,自分自身でも体現するようになるのである。

(5) 学校教育における「ジェンダー規範」

学校教育は,基本的には男女平等である。平成18(2006)年に改正された教育基本法においては,第二条(教育の目標)「正義と責任,男女の平等,自他の敬愛と協力を重んずるとともに,公共の精神に基づき,主体的に社会の形成に参画し,その発展に寄与する態度を養うこと」,第四条(教育の機会均等)「すべて国民は,ひとしく,その能力に応じた教育を受ける機会を与えられなければならず,人種,信条,性別,社会的身分,経済的地位又は門地によって,教育上差別されない」と明記されている。しかし,実際の学校教育のなかには,正規のカリキュラム以外のさまざまな行事や教師の働きかけといったインフォーマルなかたちであらわれる「かくれたカリキュラム」「ジェンダー規範」を軸にした「男子」と「女子」に対する処遇の違いが随所に見受けられる。

ジェンダーに関わる「かくれたカリキュラム」の特徴は,①「男」「女」の二分法による性別カテゴリー分け,②教師—生徒間の相互作用,③学校における性別役割分業,④学校組織内の不均衡,の4点にみることができる。

1点めの性別カテゴリー分けで代表的なものは「名簿」である。近年,この男女別名簿が問題化されて以来,男女混合名簿へと移行しつつあるが,それ以前は,「男子が先,女子が後」の順序で並べられていることが多かった。他にも,朝礼の並び順等,性別でグループ分けして活動する際には,多くの場合,男子が先となる傾向がある。これは,前述の幼稚園における森(1989, 1995)による観察でもみられたように,教師側では便宜上の行為であったとしても,意図せざる結果として「男が先,女が後」という「ジェンダー規範」を生徒たちに植えつけてしまうといった点は,学校教育においても同様であろう。

2点めの教師と生徒の相互作用であるが,木村(1996)は,授業中など,教

第9章 ジェンダーと子ども問題

師は女子よりも男子に発言の機会を多く与えていることや，「男子に厳しく，女子に甘い」態度であること，「男なのだから／女なのだから」といった発言があるといったことを，中学生を対象とした調査から明らかにしている。女子に甘いということは，学校教育や労働市場の競争において生き残る，または，能力を発揮し，責任を果たすといった課題から女子を免除することを意味する（木村，1999，p.35）。こうした，教師による男子と女子に対する処遇の違いからも，生徒たちは，非対照である「ジェンダー規範」を自然なかたちで身につけていくものと思われる。

　3点めの学校における性別役割分業とは，学級委員や生徒会の委員の構造にみることができる。多くは，男子が委員長や生徒会長を務め，女子が副委員長や副会長というように，男子のサポート的な役割にまわるケースがみられる。また，部活動においても，運動系の男子の部活のマネージャーは，女子であることが多く，その役割も，部員である男子の身の回りの世話や雑用，精神的なサポートなどであり，「ジェンダー規範」をもとにした性別役割分業そのものの構図となっている。

　4点めの学校組織内の不均衡とは，校長や教頭といった管理職は多くが男性であり，女性が少ないこと，また，理数系，社会科学系の教員は男性が多く，家庭科や文系科目の教員は女性が多いことなどである[*2]。これも，「男性が組織の上位」といった「ジェンダー規範」や，理数系は男子が得意で，家庭科や文系は女子が得意といった，特性意識を強化している可能性がある。

　学校は，男女を平等に扱う場でありつつも，教育する側もされる側も既存の「ジェンダー規範」を身につけている存在であるため，インフォーマルなかたちで性別による不平等が発生してしまう場でもあるのである。

　これまでみてきたように，子どもたちは生まれたときから，あらゆる場面で「ジェンダー規範」を体得していく。「ジェンダー規範」は，実に自然なかたちで私たちの生活に入り込んでいる概念であることがわかる。

4 女の子の生きづらさ，男の子の生きづらさ

(1) 男の子と女の子に対する親の期待

　日本の親たちは，子どもに対して「男らしさ」「女らしさ」をどの程度，期待しているのだろうか。2005年度の調査データ[*3]からみてみよう（大槻, 2008）。

　自分の子どもに「男の子は男らしく，女の子は女らしく」と「強く期待する」と回答した親の割合は，全体の35.1％，「少し期待する」は41.2％，「期待しない」は23.4％となっており，8割近くの親は，子どもに対して「男らしさ，女らしさ」を期待している。

　さらに，父親，母親がそれぞれの性別の子どもに対して，どの程度「男らしさ，女らしさ」を期待しているのかをみてみたところ，父親，母親とも，女の子より男の子に対して「男らしさ（女らしさ）」をより強く期待している（図9-1）。

　こうした，親の期待は，子どもの進学の際の経済的な側面からも垣間見ることができる。小林雅之によると，子どもの教育にどこまでお金をかけられるか

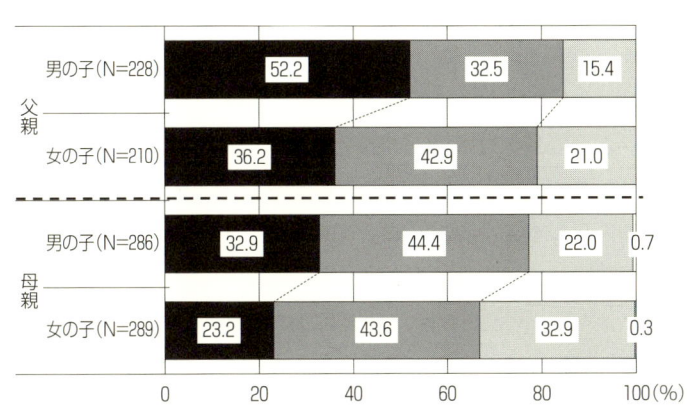

■強く期待する　■少し期待する　□期待しない　□無回答

	強く期待する	少し期待する	期待しない	無回答
父親 男の子(N=228)	52.2	32.5	15.4	
父親 女の子(N=210)	36.2	42.9	21.0	
母親 男の子(N=286)	32.9	44.4	22.0	0.7
母親 女の子(N=289)	23.2	43.6	32.9	0.3

図9-1　親の子どもに対する「男らしさ」・「女らしさ」の期待
出所）大槻，2008 を参考に作成

第9章　ジェンダーと子ども問題

は，子どもの性別によって大きな差があるという（小林，2008，pp.61-63）。多くの親は，女の子よりも男の子に対して，より高い学歴獲得を願い，多くの学費負担をする傾向がある。こうした親の意向は，女子にとっては意欲の「冷却（クーリング・アウト）」を促す。一方で，男子にとっては，それが「加熱（ウォーミング・アップ）」となり，反面プレッシャーともなるのである[*4]。

(2) 学校における加熱と冷却のメカニズム

　前述のように，学校教育の場は，「男女平等」という場であり，またその一方で「かくれたカリキュラム」というかたちで「ジェンダー規範」が張り巡らされている場でもある。「男子が先，女子が後」の名簿，「男子のサポート役をする女子」という役割分担，男性優位の学校組織，男子の方に期待をする教師の働きかけ，といった「かくれたカリキュラム」は，自然と女子の学習意欲や進学意欲を「冷却」させてしまう。その結果，女子は自らの意志で「女子向き進路」へとトラッキング[*5]（水路づけ）されていく。近年，女子の高等教育進学率は上昇しているが，四年制大学への進学率は未だに男子が女子を大きく上回っており[*6]，専攻も女子は文系が多く，理系への進学は男子の方が依然として多くなっている。一方，男子は，常に女子よりも学業達成の面においても身体的な強さにおいても，優位であることを，暗に要求されている。さらに，男子は，男女間ばかりではなく，男子同士のなかにおいての競争にもさらされている（伊藤，1996，pp.104-105）。男子は常に意欲を「加熱」させられている。その「加熱」についていけなかった場合，男子たちは，背負っている期待とプレッシャーが大きい分，敗北感も大きくなるものと思われる。

　一例をあげてみよう。ここに日本における自殺率のデータがある。これまでも，中年男性の自殺率と「男らしさ」のプレッシャーとの関連や，子どものいじめによる自殺は，男子に多いということなどが指摘されてきた（伊藤，1996，pp.30-33）。そこで，さらに最新の自殺に関するデータ（警察庁生活安全局，2009）を詳細に確認してみると，就学期の子どもたちの自殺率は，やはり女子よりも男子の方が圧倒的に高くなっている。原因としては「学業・成績不振」，「進路」が多い（図9-2）。家庭においても学校においても，競争に勝つことを

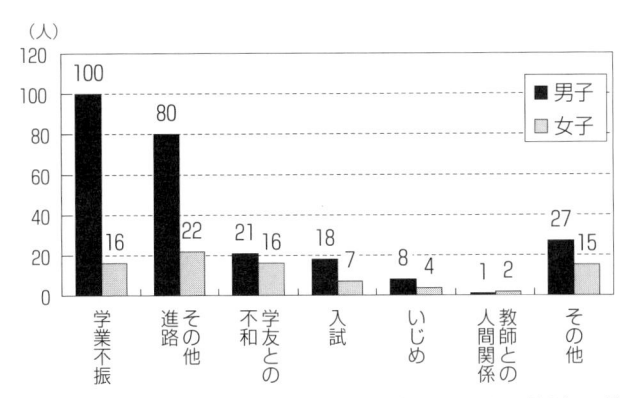

図9-2 学校生活が原因で自殺した子ども（児童・生徒・学生）の数
資料）警察庁生活安全局, 2009 より

（学業不振: 男子100, 女子16／進路: 男子80, 女子22／その他: 男子21, 女子16／学友との不和: 男子18, 女子7／入試: 男子8, 女子4／いじめ: 男子1, 女子2／教師との人間関係: 男子27, 女子15／その他）

期待されている男子の「生きづらさ」の一端がうかがわれる現象である。

(3) 労働市場で直面する困難

「学校」という場は、「男は外、女は家庭」といった「ジェンダー規範」をいまだに内包した社会に応じた労働力を育成するエージェントでもある（木村, 1999, p.40）。労働市場においては、1986年に施行された男女雇用機会均等法以来、労働面においての男女平等が促進されてきている。しかし、学校という場と同様、見えにくいかたちで「ジェンダー規範」から派生する男女間の不均衡が残存している。たとえば、女性の場合、高学歴で有能、やる気があるにもかかわらず、職業上のヒエラルキーのトップに上ることを阻害する「ガラスの天井（glass ceiling）」が存在する。この「ガラス」こそが、男女の優劣関係を反映した「ジェンダー規範」そのものである。

一方、男性は労働市場においても、業績をあげ、競争に勝つことが求められる。さらに、家庭生活においては、経済的な側面を担う「大黒柱」となることを期待されるため、競争から降りることはますます困難となる。さらに、男性が育児休暇を取得したり、家庭中心の生活を重視したりすることもいまだに厳しい状況のままとなっている[*7]。

子どもたちは、学校から労働市場へと移行した後にも、「ジェンダー規範」

から派生するさまざまな困難に遭遇することとなるのである。

⑤ おわりに ──これからの社会における子どもとジェンダーの問題──

　ここ最近では，以前と比べて，男女間の格差は解消の方向へと向かっている印象がある。先に述べたように，四年制大学，とりわけ理系への進学は，依然として男子が多くなっているが，一方で，これまで「女子向け進路」といわれてきた短期大学への進学にとって替わって，女子の四年制大学への進学率は上昇しており，理系進学志望者も増加する動きがみられている。女子特有の進路選択の「トラッキング（水路づけ）」は，弛緩しつつあるといえるだろう（片瀬・元治，2008, pp.103-105）。

　その一方で，ジェンダーをめぐっては，緩みはじめた「ジェンダー規範」や「男らしさ」「女らしさ」を再び強化しようという「バックラッシュ」と呼ばれる保守回帰の動きもみられるようになってきている。このように，現代は「ジェンダー」概念が混沌とし，それをめぐる思想的・政治的な動きも拮抗状態のなかにある時代といっていいだろう。今の子どもたちは，ジェンダー概念が錯綜する時代を生きているのである。

　こうした動きを受けて，近年では，男性も女性も，それぞれの「男らしさ」「女らしさ」から撤退することで，既存の「ジェンダー規範」の殻を破る生き方や，その逆に，主体的・戦略的に「男らしさ」「女らしさ」にコミットメントする生き方，また，公（仕事・社会）／私（家庭）の領域ごとに，その両方を使い分ける生き方など，さまざまな生き方をするものが多くなっている。すなわち，既存の「ジェンダー規範」に対してとる態度が男女とも柔軟になってきており，多様な生き方がみられるようになってきているということである。現代という時代においては，「男」と「女」の二分法で人間を分断することには限界が生じてきているといえるだろう。

　これまで述べてきたような，「ジェンダー規範」を軸として生じる「生きづらさ」は，男性の間にも女性の間にも多様な人間が存在しているということを否定してしまうことから生じるものである。しかし，「ジェンダー規範」は，

歴史的・社会的に作られた概念である。作られたものである以上，それは可変的であることを意味している。ゆえに，「ジェンダー規範」の縛りから「生きづらさ」を感じている子どもたちを解放するためには，まずは社会や大人の側からの視点の転換が不可欠であろう。これからの社会においては，ジェンダーに対する多角的な視点をもち，男女とも固定的な「らしさ」にとらわれない生き方ができる社会をめざすことが必要なのではないだろうか。

変化し続ける社会において，「ジェンダー」について考えることに終わりはない。考え続けていくことこそが，「ジェンダー」に対して，多角的かつ敏感な視点をもつために必要な姿勢であるものと考える。

考えてみよう

① あなたは，道を歩いている人などを見て，どのような特徴からその人の性別を判断するのだろうか。また，なぜ，その特徴は特定の性別を示しているといえるのだろうか。

② あなたが考える将来の生き方は，既存の「ジェンダー規範」とどのように関わっているだろうか。みんなで話し合ってみよう。

【注】

1 「かくれたカリキュラム」とは，学校の正規のカリキュラムではない，学校文化や教師とのやり取りのあいだで，意図せずに学び取る知識や行動の様式のことを指す。

2 本シリーズ第3巻第7章に詳しい。参照のこと。

3 データは，国立女性教育会館が2005年に日本，韓国，タイ，アメリカ，イギリス，スウェーデンの6カ国で12歳以下の子どもをもつ親を対象に行った「家庭教育に関する国際比較調査」である。詳細は大槻（2008）を参照。

4 竹内洋は「冷却（クーリング・アウト）」について，学歴や地位などを誰もが平等に手に入れられるように見せかけた社会において，「人々をその気にさせて肩すかしをしてしまう」（竹内，1988, p.29）ことであり，「希望やあてにしていたことが実現されなかったことから，失望のどん底におちいってしまわないようにして，社会が最大限の努力をとりつける」（同書，p.30）と説明している。すなわち，意欲を低下させるだけではなく，当初の希望を縮小させたり，代替的な進路を用意してそこに導くといった地位配分の正当化のプロセスも含んだ概念である。対して，「加

熱（ウォーミング・アップ）」とは，「努力すればどんなポストも学歴も獲得できる」（同書，p.30）と人々をかり立てるものである。

5 「トラッキング（水路づけ）」とは，ある選択基準で振り分けられた初期の進路によって，その後の進路選択の機会や範囲が限定され，最終的な目的地（ゴール）までの経路が，あたかも水路づけられているかのように制約されることである。

6 　平成21年度の四年制大学進学率は，男子55.9％，女子44.2％（文部科学省HP http://www.mext.go.jp/b_menu/toukei/001/08121201/1282646.htm より）。

7 　平成19年4月1日から平成20年3月31日までの1年間に在職中に出産した女性の育児休業取得の割合は90.6％であったのに対し，同期間に配偶者が出産した男性の育児休業取得率は，1.23％という状況である（厚生労働省「平成20年度雇用均等基本調査」より）。

【引用参考文献】

アリエス，P., 1980,『〈子ども〉の誕生―アンシャン・レジーム期における子どもと家族生活』（杉山光信・杉山恵美子訳）みすず書房（原著，1960）．
伊藤公雄，1996,『男性学入門』世界思想社．
伊藤公雄・牟田和恵編，1998,『ジェンダーで学ぶ社会学』世界思想社．
江原由美子・山田昌弘編，2003,『改定新版ジェンダーの社会学―男と女の視点からみる21世紀日本社会』放送大学教育振興会．
大槻奈巳，2008,「親は子どもに本当は何を期待しているのか―「男らしく女らしく」への期待から」『国立女性教育会館研究ジャーナル』vol.12.
片瀬一男・元治恵子，2008,「進学意識はどのように変容したのか―ジェンダー・トラックの弛緩？」海野道郎・片瀬一男編『〈失われた時代〉の高校生の意識』有斐閣．
木村涼子，1996,「ジェンダーと学校文化」『季刊子ども学』12号．
木村涼子，1999,『学校文化とジェンダー』勁草書房．
木村涼子・小玉亮子，2005,『教育／家族をジェンダーで語れば』白澤社．
警察庁生活安全局，2009,「平成20年中における自殺の概要資料」（http://www.npa.go.jp/safetylife/seianki81/210514_H20jisatsunogaiyou.pdf）
小林雅之，2008,『進学格差―深刻化する教育費負担』ちくま新書．
多賀太，2006,『男らしさの社会学―揺らぐ男のライフコース』世界思想社．
竹内洋，1988,『選抜社会　試験・昇進をめぐる〈加熱〉と〈冷却〉』リクルート出版．
中西祐子，1998,『ジェンダー・トラック―青年期女性の進路形成と教育組織の社会学』東洋館出版社．
藤田由美子，2004,「幼児期における「ジェンダー形成」再考―相互作用場面にみる権力関係の分析より」『教育社会学研究』第74集．
森繁男，1989,「性役割の学習としつけ行為」柴野昌山編『しつけの社会学』世界思想社．
森繁男，1995,「幼児教育とジェンダー構成」竹内洋・徳岡秀雄編『教育現象の社会学』世界思想社．

第10章 サブカルチャーにみる「問題」行動

―心理歴史的分析をもちいて―

大野 道夫

1 はじめに

　子どもたちが好んで接するマンガ，小説，音楽などのサブカルチャーにはその「問題」行動が反映している，と考えることができる。これまでもサブカルチャーは，それぞれの時代の若者意識を反映したものとして分析されてきた。たとえば小説については栗原彬（1994）などの研究がある。また音楽については，見田宗介（1978）の先駆的な研究などがある。

　ところで子どもの「問題」行動に対して教育学者などから，たとえばいじめについて，「いじめはわるいからやめろ」，「市民社会の論理をもて」などの言説が送られたりする。これらの言説に反対するわけではないが，それがしばしば子どもたちにとって有効でないのは，子どもたちが「いじめは楽しい」，「反対すると自分がいじめられる」というコミュニケーションの内部にいて，そこからアイデンティティが影響を受ける（傷つけられる）生活世界の内部にいるということが等閑視されているため，と考えられる。したがって本章では，子どもたちの生活世界が描かれているサブカルチャーを対象として，そこにみられる「問題」行動を分析していくことにしたい。

② サブカルチャーにみられる「問題」行動

　それでは「問題」行動を描いたサブカルチャー作品を具体的にみていくことにしたい。なおサブカルチャー作品などの質的データをみる場合その代表性が問題になるが，それはベストセラー，受賞，アニメ化などで確保していくことにしたい。また基本的に，ゼロ世代と呼ばれる2000年代に公表された作品を対象としていくことにしたい。

(1) マンガ
すえのぶけいこ『ライフ』

　すえのぶけいこ『ライフ』(2002-9)は単行本で20巻にもなり，テレビドラマ化もされて話題になった作品である。女子高校生の椎葉歩は，友だちの安西愛海の彼をとろうとしたと誤解され，いじめを受けるようになる。そして自殺未遂までするが，クラスメートの羽鳥未来の友情に救われる。手首を切って自殺しようとした歩を未来は手当をし，傷が隠れるようにリストバンドをあげる。そして歩のリストカットに対し「そーしなきゃ無理だったんでしょ」「あんたの心が」「そんくらいつらかったんでしょう？」(第16回，5巻)と受け入れ，「いつかやめられるといいね」(第18回，同)とのみいう。

　そこで歩は右図にあるように「信

©すえのぶけいこ／講談社
出所)『ライフ』5巻（第19回），2003

じたい」「未来は変わるって」と思い、「こんなこと（リストカット）に頼らないで生きていけるようになりたいから」（第19回、5巻）といじめに立ち向かうようになる。自分の机を窓から投げ捨てられてもそれを拾って教室に入るシーンは有名である。そして皆もしだいに愛海の言動のおかしさに気づき、歩についてくるようになる。羽鳥の「あんたの強さがみんなを変えたんだ」（第57回、15巻）と言うセリフが象徴的である。

　一方母親は最後に歩のリストカットの傷に気づくが、病弱な姉の方にずっと関心が向いていた。また副担の教師は教室で生徒にいじめについて書かせて逆効果になったり、また他の教師はいじめに加担したりして、基本的に「問題」行動にたいして無力に描かれている。

ももち麗子『めまい』『とびら』『こころ』

　ももち麗子はさまざまな「問題」行動をテーマとしているマンガ家である。たとえば『めまい』（2000）では、ドラッグに手を出した女子高生が描かれている。前田京子は父からの受験プレッシャーとダイエットのため、ドラックに手を出すようになる。そして最初はタブーな領域に足を踏み入れたことへの「妙な優越感」があったが、仲間が刃物で暴れて逮捕されたり、友人に忠告されたりしてやめようとする。しかし禁断症状が起き、虫の幻覚におびえたり、2階から飛び降りようとしたりし、親に取り上げられてもいいように、家のさまざまな場所にドラッグを隠しては吸おうとする。そして最後は眠らないで勉強をするために掌に鉛筆を突き刺す京子に対する、父親の「もう……いいんだ」「眠っていいんだ京子」という言葉にドラッグから離れていくのである。

　また『とびら』（2002）では、自殺がテーマになっている。父親が家を出て行ってしまった真夏は、父親のために努力して合格した名門Y高校への進学をやめてしまう。そしてF女子校へ進学するがクラスへなじめず、「こんな毎日がこの先も続くのか」と思う。そして中学時代からいじめを受けて授業中にリストカットをした、缶詰のアスパラみたいに白い女生徒のアスパラ（田中）と仲良くなり、さまざまな自殺の方法を模索するようになる。しかしマンションの屋上から落ちそうになったとき「わたし死にたくないっ」と叫び、失禁まで

してしまい、「死の世界への扉はこんなにも重い」と実感する。そして離婚を決意した母から「ただ生きているだけで……それだけでいいから」といわれ、「『自分はこうなりたい』ってイメージし続けていればきっと近づけるから……ゆっくりでいいから————……」と「と・り・あ・え・ず・」学校へ行くためにマンションの扉を開けて外へ出ていくのである。

そして最近作の『こころ』（2006-9）では万引がテーマになっている。吉田めぐみは中高一貫のお嬢さん学校へ進学するが、友だちができずに無意識に万引きをしてしまう。そして友だちが欲しいので、姉が化粧品会社に勤めているとウソをつき、学校の友だちに万引きした商品をあげてしまう。その後また万引きをしようとして、山根梓にとめられる。しかし学校の友だちにさらに化粧品を要求され、断ると「使えない」（2話、1巻）といわれてしまうのである。

そこで吉田は山根たちの万引仲間へ入り、万引デビューを果たす。学校の友だちにいじめられると万引仲間が復讐してくれたりし、「万引きで手に入れたいのは物ではなく『友達』だったんだ わたしの場合」（2話、1巻）と吉田は呟く。しかし定食屋をしている父に食い逃げがおき、追いかけた父が催涙スプレーを吹きかけられたりし、吉田は「なんか悔しいっていうより悲しかった」（5話、2巻）と思う。また万引きをした店がつぶれ店長が自殺未遂をして入院し、吉田はその家族の苦境を目の当たりする。そして最終的に吉田は万引してわざと捕まり、両親と万引きした店にあやまりにいくのである。

これらのももち作品の特徴は、「問題」行動の描写にリアリティがあることである。「羽がはえたよぉ——」と叫んで2階から飛び降りようとする禁断症状の描写（『めまい』）、「ああ…血って生温かいんだ……匂いもする 新しい10円玉の匂いと似てる……」というリストカットの描写（『とびら』）、万引きGメンを逆に引っかけて謝らせるなどの万引きの細かいテクニックの描写（『こころ』（4話、2巻）などの具体的場面が非常になまなましく描かれている。

また擬似的ではあれ、「いつでも簡単にやめられる」「私の場合やせたらやめればいい」（『めまい』）というドラッグに手を出すことの「正当化」、「……そうだね『死のう』って自分から線路に飛び込む勇気はないけど もし 今 ポンッてだれかに背中押されて電車にひかれちゃうなら いいかも……」という

自殺への思い（『とびら』），「万引きで『自信』とか『勇気』とか『根性』とかコレクターみたいに引き出しの中に集めてた———気がしてた」（『こころ』4話，2巻）という「万引による擬似的なアイデンティティ形成」など，子どもたちが一時的にせよ「問題」行動へひかれる心理がリアリティをもって描かれている。なお，ももち作品の最後は，どれもが友だち等によって主人公が「問題」行動の「問題性」を自覚し，そこから離れていくことで終わっている。

神尾葉子『キャットストリート』

　フリースクールを舞台とした『キャットストリート』（2005-08）では，主人公の青山恵都が子役時代に友だちにうらぎられて舞台でセリフが言えなくなってしまい，その後ずっと引きこもってしまう。しかし偶然フリースクールを知って通学するようになり，さまざまな分野で頑張っている友だちと出会い，恋愛もして，再び役者としてのアイデンティティ形成をとげていく。彼らは，恵都を好きで一度つきあっていた玲が，恵都が本当に好きな浩一と恵都を結びつけてくれたり，恵都の，本当はつらい時の無理をして「苦しみながら笑う顔」をすぐ理解してくれたりする。また恵都も，有名になりはじめた恵都をじゃましようとした人に対して，「あの場所にいるのは自分だったかもしれない」（8巻）と理解を示そうとする。そして最後に恵都たちは「みんなの目標でした」（同）といわれ，フリースクールにたいして「俺たちはみんな二度目はそこで生まれたんだ」（同）と思うのである。

　この『キャットストリート』は不登校の子どもたちのオルタナティヴとしてフリースクールが紹介されている，珍しいマンガなのではないかと思う。

森恒二『ホーリーランド』

　それでは最後に少年マンガのなかから，テレビアニメ化もされた『ホーリーランド』（2001-08）をとりあげることにしたい。『ホーリーランド』は，いじめられ，不登校，自殺未遂までしてしまう高校生・神代ユウが主人公である。そしてユウは引きこもりの自室でふとしたきっかけからトレーニングをはじめ，路上の格闘で格闘技の才能に目覚める。そして街を居場所として仲間を見つけ，

表10-1

	主人公の性格	友だち・恋人	物語の終わり方
ホーリーランド	いじめ等をうけるやわらかいアイデンティティ	友だち・恋人に癒される	路上に止まる
あしたのジョー	少年院へ行く強いアイデンティティ	友だちはいない・女性を遠ざける	世界タイトルに挑戦し、燃焼する

「"変わりたい"という願い"今の自分を越えたい"という強い想い——」（18巻 act180）」を自覚し、アイデンティティ形成をとげていく。

これをやはり格闘技を題材とした高度成長期の高森朝雄原作・ちばてつや画『あしたのジョー』と比較してみると、それは表10-1のようになるだろう。『あしたのジョー』のジョーは少年院へ入れられたアンチ・ヒーローではあるが、最後は世界タイトルへ挑戦し、燃焼し尽くすという強いアイデンティティの「大きな物語」を生きている。それにたいして『ホーリーランド』のユウは、いじめを受けて引きこもり、自殺未遂までしたやわらかいアイデンティティの少年として描かれている。そしてユウの兄的な存在である伊沢マサキは格闘技で世界タイトルに挑戦したりするが、ユウは最後まで路上にとどまるという「大きな物語」なき世界を生きるのである。

これを価値観の視点からみると、ちょうどこの２つのマンガの間の時代に書かれたD.ヤンケロビッチ（1982）の、自分の外部に大きな目標をもち、そこへ自己犠牲的にがんばる自己犠牲的価値観と、まわりの人間との触れ合いなどの自己充足に価値をおく自己充足的（Self-Fulfillment）価値観の相違、と考えることができる。だからジョーは友だち、恋人を遠ざけて世界タイトルへ自己犠牲的にがんばり、ユウはまわりの友だち、恋人にいやされて路上での自己充足をはかるのである。

(2) 小説
重松清『きみの友だち』

それでは次に、「問題」行動をとりあげた小説を分析してみることにしたい。重松清はさまざまな青少年の「問題」行動をあつかってきた小説家である。

本章ではいじめをあつかった『きみの友だち』(2008) をとりあげて分析していくことにしたい。
　小学4年生の時に，恵美は雨の日に傘へ「友だち」をたくさん入れて交通事故にあい，松葉杖をつくようになってしまう。そして見舞いに来た友だちを，「あんたらのせいだから！」（あいあい傘　1）と責めて友だちがいなくなる。その後恵美は，由香という病弱な子と友だちになる。そして恵美の高校受験の時に由香は亡くなってしまうが，恵美はたくさんの思い出を二人でつくり，「『みんな』が『みんな』でいるうちは，友だちじゃない」（千羽鶴　5），「いなくなっても一生忘れない友だちが，一人，いればいい」（同）と思うのである。
　この『きみの友だち』は，「みんな仲良く」という言説に対し，「友だちが一人いればいい」という選択肢を示してくれている。

綿矢りさ『インストール』
　綿矢りさは『蹴りたい背中』で，最年少で芥川賞を受賞した若手作家である。本章では綿矢が高校時代に書いたデビュー作であり，文藝賞を受賞した『インストール』(2001) から，不登校の問題をみていくことにしたい。
　高校三年生の野田朝子は友だちから「休みたいだけ休んだら」といわれ，受験勉強から脱落し登校拒否となる。そして同じマンションの小学六年生のかずよしくんと，風俗嬢になりすまし，客とエッチなメールの交換をするチャットのバイトをはじめる。そしてそんな生活をそれなりに楽しみつつ4週間がすぎていくが，チャットで高校生だということがばれてしまい，不登校も母親にばれてしまう。そして朝子は，「今私は人間に会いたいと感じている。昔からの私を知っていて，そしてすぐ行き過ぎてしまわない，生身の人間達に沢山会って，その人達を大切にしたいと思った。忘れていた真面目な本能が体の奥でくすぶっていた。」と感じ，再び学校へ通い出すのである。
　この『インストール』では，不登校になった理由も，不登校をやめた理由も明示されていない，と思う。だから不登校を知った母親が，「いじめられてたの？」と問いかけるのは，当然といえる。しかしこの作品では，今より珍しかったインターネットの世界に主人公がはまっていきつつ，その学校へ行かない

長い休みのなかで，大きな事件はないが自身もインストールされ，再び人間に会いたいと感じはじめるプロセス*¹ が，自然に描かれている。そして，われわれ大人でもときどき学校や会社へ行きたくなくなる時があるように，明示的な理由がない不登校とそこからの「立ち直り」があることが，自然に理解できるのである。なおクラス担任のナツコはクラスの男子生徒とつきあっている，という設定になっている。

　なお美嘉『恋空』(2006)，メイ『赤い糸』(2006) などのケータイ小説でもいじめ，レイプなどの「問題」行動は書かれているが，それらは基本的に友情や恋愛などへの障壁として存在している。したがって基本的に「問題」行動自体については，深く描かれているわけではないようである。

(3) 音楽

　音楽は基本的にラブソングが多く，ウツや不安をうたったものはあるが，「問題」行動をうたっている歌は少ない。これは特に J-POP はテレビやライヴ，あるいは街角などで聴くために「暗い」歌はなじまないため，と考えられる。そのなかで現在若者に非常に人気があり，ヒットチャート誌「オリジナル・コンフィデンス」で何度も上位になった RADWIMPS が引きこもりをうたった「ヒキコモリロリン」(作詞・作曲野田洋次郎) を*² 取り上げることにしたい。

　　（前略）胸に抱いて　目見開いて　自分一人の命なんて思うなって
　　そしたら顔のでっかいホクロを愛せるからよーほー（中略）
　　(The total sacrifice of Iraq people since the war broke out has already summed up to)（中略）
　　普通に生きて　普通に死ぬ　それだけすごいことを普通にする
　　それだけで俺は特別　子宮から出てきた甲斐がある（後略）
　　　　　　　　　　　　　　　　　　　　　　　　JASRAC 出1002714-001

　この歌は引きこもりにたいして，「ヒキコモリロリン」とイメージをやわらく変容させながら，普通の自分を愛することを呼びかけている，と思う。また英語で挿入されている歌詞は，イラク戦争のすべての犠牲者（The total sacrifice of Iraq people）を詠み込みことによって，世界にはそのような死者がいる

こと，またそれによってあらためて「普通に生きて　普通に死ぬ」ことのすばらしさを考えて欲しい，と呼びかけているのではないかと思う。

③ サブカルチャーへの心理歴史的分析

(1) 心理歴史的分析

　それでは以上のようなサブカルチャー作品にたいして，心理歴史的分析をもちいて，子どもたちの「問題」行動をさらに分析していくことにしたい。心理歴史的（psychohistorical）分析とは，ある現象の心理的・発達的問題と，それに深く関わる歴史的・社会的条件の双方の分析を行い，その関係を洞察するものである。そしてE.H.エリクソン（1974）は，M.ルターの青年期のアイデンティティ形成と当時の社会状況との関係の分析を行っている。また心理歴史的分析はエリクソン後にもさまざまな分析が行われており，心理歴史論誌なども発行されている。

(2) サブカルチャーにみる心理的・発達的問題
相互性の問題

　そしてサブカルチャーへ心理歴史的分析を行い，そこにおける心理的・発達的問題をみると，そこには人と人との相互性の問題がみられる。エリクソン（1973，p.309）において相互性（mutuality）は重要な概念であり，もともとアイデンティティ（identity）は他者との相互行為によって形成されてゆき，またアイデンティティを形成することによって，人との相互性も形成されてゆく。しかし現代の子どもたちに人気があるサブカルチャーにおいては，「友だち」への過度の期待とその裏返しとしての「裏切り」への過剰反応（『ライフ』の愛海の「マナを裏切るヤツは許さない」（第25回，7巻）），「友だち」への過剰同調（万引きした品物をウソをついて友だちにあげる（『こころ』），傘に「友だち」をたくさん入れて交通事故にあう（『きみの友だち』），友だちからの裏切りで引きこもってしまう（『キャットストリート』））などの相互性の問題がみられた。これらは他にも，『ライフ』，『とびら』，『ホーリーランド』で描かれたいじめ，『イ

ンストール』で描かれた不登校,「ヒキコモリロリン」で描かれた引きこもり,さらに浦沢直樹『20世紀少年』の世界征服を企む団体の代表者名が「ともだち」であること,ギャルサー(ギャルサークル)でのきびしい掟,KY(空気を読めない)という流行語,などとも関連していると考えられる。なお特にいじめとジェンダーの関係をみると,少年マンガでも『ホーリーランド』のようにいじめの描写がみられるが,少女マンガの方にいじめの被害者,加害者,傍観者の心理を詳細に描いた作品が多くみられた。

またこの相互性の問題は,L.ベラック(1974)の,寒い山のなかで暖をとりつつも互いの針で相手を傷つけない距離をはかるという山アラシのジレンマと共通する,と考えることができる。

ケアをする姉・兄的友だちの存在

またサブカルチャーの心理歴史的分析によれば,そこにはケアをする姉・兄的友だちの存在がみられた。たとえば『ライフ』の未来,『こころ』の梓,『キャットストリート』の玲(異性だが彼ではない),『ホーリーランド』の伊沢などは,しばしば自身も「問題」行動を経験したことから,主人公の「問題」行動を本気で気づかい,身をもってとめようとするなど,真剣にケアをしている。また「ヒキコモリロリン」では,聴く子どもたちにとってRADWIMPS自身が,ケアをする兄的存在となるのではないかと思う。また本章では取り上げなかったが,矢沢あい『NANA』のナナも,同名の奈々と一緒に住み,恋愛等の相談にのるなど,姉のようにケアしている。また『蹴りたい背中』の高校の同級生の絹代も,クラスで孤立している主人公を自分のグループに入れようとしたり,ライヴにつきあうなど,やはり姉のようにケアしている。

ところでエリクソン(1981, p.66)も,「ある人,ある物を『気づかう,大切にする』(care for),保護や注意を必要とするものに『気をつける』(take care of)」などのケア(care)を重要視し,人間の徳(virtue)のひとつとしている。ただしそれは成人期の徳とされている。したがって現在の子どもたちが好むサブカルチャーになぜ同世代の「ケアをする友だち」が描かれているかというと,現実にはそのようなケアをしてくれる成人,さらに姉・兄もなかなか存在しな

いため，子どもたちが理想化して身近に求め，サブカルチャーに描かれる，と考えることができる。

そしてサブカルチャーに描かれる親，教師は「問題」行動に対応できない場合が多い。また芸能界などの華やかな話題に眼がいきがちな『NANA』においても，登場人物の大部分は親に捨てられたり，施設で育ったりしている。なお，森田まさのり『ROOKIES』のように，教師が「問題」行動の生徒を立ち直らせる作品もあるが多くはなく，また教師の熱血さはそれのみではしばしばパロディ化されたりしている（山田，2004, p.255）。

「問題」行動の継続性

またサブカルチャーでは，生活世界のなかで，「問題」行動の「行動」はなくなっても，「問題」は（完全には）なくならないことが示唆されている。たとえば『ライフ』では歩が，リストカットという「問題」行動がなくなったあとも残る手首の傷に悩み，それをリストバンドで隠そうとすることが描かれている。また前述したように『ホーリーランド』では，物語の最後まで主人公は路上に居続ける。そして『きみの友だち』では，みんなと仲良くなるのではなく，一人を選択するという選択肢が示されている。

このようにサブカルチャーで描かれた「問題」行動は，単純なハッピーエンドではなかなか終わらず，それが現代の子どもたちにリアリティをもって支持される要因になっているのではないかと思う。なおこのようなハッピーエンドでは終わらない生活世界については，「終わりなき日常」（宮台，1998）というややニヒルな解釈がある。しかしまたその生活世界のなかで生きる子どもたちにとっては，そのように「まったり」と生きるのみというのではまたリアリティがなく，相互性の問題に悩みつつもアイデンティティ形成を模索し，ケアをする友だちを求めることに[*3]リアリティがあるのではないかと思う。

(3) サブカルチャーにみる歴史的・社会的条件

それでは次に，心理歴史的分析のもうひとつの側面として，このようなサブカルチャーに描かれる歴史的・社会的条件を分析していくことにしたい。

学校文化と青年文化の格差

まず毎日同じ「友だち」と教室で会い，同じ授業を受けなければならない学校文化（school culture）と，より自由な青年文化（youth culture），社会の文化との間には格差がある。そして子どもたちが双方の文化のバランスをとることができずに，学校文化に適応できない，逸脱的な青年文化に向かう，あるいは双方の文化に適応できず引きこもる，などの「問題」行動をおこすことが考えられる。

このようにサブカルチャーに相互性の問題とケアをする友だちがみられる背景として，子どもたちが生活世界の多くの時間を生徒として生きる学校文化と，青年文化の格差の問題を考えることができる。また前述したように多くの場合教師は，生徒の「問題」行動に無力であり，また無力である場合に「問題」行動が発生する存在として描かれている。

家族，地域などの教育力の衰退

次に，より子どもたちを取り巻く「社会」の問題として，家族，地域などの教育力の衰退を考えることができる。これはすでにさまざまな研究で指摘されており，またサブカルチャーでも親は子どもの「問題」行動に気がつかなかったり，ときとしてプレッシャーを与えて「問題」行動の原因になったりする存在として多く描かれている。

また地域も，マンションや街の風景などが無味乾燥に描写されているのみのことが多い。なお前述したように『ホーリーランド』は路上が舞台となっているが，そこには地域の大人などによる教育力ではなく，学校では満たされないケアなどをしてくれる友だちとの相互性をもてる場として描かれている。

液状化社会の問題

そして，より社会全体の問題としては，液状化した社会（バウマン，2001）のなかで，子どもたちが生きる[*4]意味を喪失し，身近な人間関係に依存しようとする，しかし依存される相手自体も不安定であり，またネットなどにより人間関係も流動化している。したがって相互性の問題が生じ，ケアする友だちが

求められて，サブカルチャーのなかで理想化して描かれるという現象が生まれる，と考えることができる。

4 おわりにかえて ── 疑似体験の場としてのサブカルチャー ──

以上のように本章では子どもたちの「問題」行動を分析するにあたり，マンガ，小説，音楽などのサブカルチャーに着目した。そして心理歴史的分析を行い，心理的・発達的問題としての相互性とケアする友だちの存在，歴史的・社会的条件としての学校文化，家族・地域，そして液状化社会の問題を示した。

そして液状化社会のなかで，生きる意味を喪失しアイデンティティを模索する子どもたちにとって，サブカルチャーは人に知られることなくさまざまな「問題」行動を疑似体験でき，現実にはなかなか存在しないケアする友だちからのアドバイスなども聴くことができる貴重なメディア，ということができるだろう。

考えてみよう

① 「問題」行動を描いたマンガ，小説などを読んでみて，たとえばある場面で，もし自分だったらどのような行動をとるか考えてみよう。

② 今まで最も自分に影響を与えたマンガ，小説，音楽について考えてみよう。

【注】

1　なお『インストール』では，思春期の入り口にいるかずよしくんが新しい母親を受け入れようとしていく，というプロセスも描かれている。

2　なおその他に，Cocco の「Raining」では，リストカットが暗示されてうたわれている。

3　なおこのような状態について，心理療法のひとつである森田療法では，「あるがまま」の自分を受け入れて日常のなかで自他共に生きる実践をし続けること，として評価している。（生活の発見会「森田理論学習の要点」）

4 ウェーバーは近代社会の合理化の過程で，人間が生きる意味を失っていくことを意味喪失（sinnlosigkeit）とよび，重視した．

【引用参考文献】

エリクソン，E.H., 1974,『青年ルター』（大沼隆訳）教文館（原著，1958）．
エリクソン，E.H., 1973,『アイデンティティ』（岩瀬庸理訳）金沢文庫（原著，1968）．
エヴァンズ，R.I., 1981,『エリクソンは語る』（岡堂哲雄・中園正身訳）新曜社（原著，1967）．
栗原彬，1994,『人生のドラマトゥルギー』岩波書店．
バウマン，Z., 2001,『リキッド・モダニティ』（森田典正訳）大月書店（原著，2000）．
ベラック，L., 1974,『山アラシのジレンマ』（小此木啓吾訳）ダイヤモンド社（原著，1970）．
宮台真司，1998,『終わりなき日常を生きろ』筑摩書房．
見田宗介，1978,『近代日本の心情の歴史』講談社学術文庫．
山田浩之，2004,『マンガが語る教師像』昭和堂．
ヤンケロビッチ，D., 1982,『ニュールール』（板坂元訳）三笠書房（原著，1981）．

〈サブカルチャー作品〉
神尾葉子，2005-08,『キャットストリート』集英社．
重松清，2008,『きみの友だち』新潮文庫．
すえのぶけいこ，2002-9,『ライフ』講談社．
ももち麗子，2000,『めまい』講談社，2002,『とびら』講談社，2006-9,『こころ』講談社．
森恒二，2001-08,『ホーリーランド』白泉社．
綿矢りさ，2001,『インストール』河出書房新社．

第11章 「情報化」と子どもの「問題」

―情報，子ども，問題はどのように結びつくのか？―

佐野　秀行

1　はじめに

　「情報化」は子どもの問題のキーワードのひとつである。ほとんどの人が情報化に関連した子どもの問題をあげることを求められれば，最近の出来事を思い出して情報機器に関連する事柄を選び，それに理由づけをして何らかの話をすることができるだろう。

　しかし，「情報化」「子ども」「問題」の3つの結びつきはそれほど確かなものだろうか。情報という言葉のもつ融通性のためにかえって問題の所在が不明確になっているのが現状ではないだろうか。

　そもそも多様な情報の問題について，個々の事例の共通項を探ることや，雑多な事例を超えた統一的理解は可能だろうか。情報産業や情報機器と明確な事物はあるものの，情報が関わるテーマは，教科の情報，技術，知識，教育における個人情報，情報公開，子どもの生活，コミュニケーション，情報にかかわる犯罪（被害・加害），マナー，と抽象的なものを含め多岐にわたっている。

　こうした状況において，情報は，ちょうど文化という言葉がそうであるように，特定の状態や実態を指すというよりは何を問題と見なすかという認識論的な問題を含んでいるといえる。文化と同様に情報という言葉をわかりやすく定義することを求められたら大抵の人は答えに窮するだろう。

　この章では，自明視されがちな情報化，子ども，子どもの問題の3つの結び

つきを検討する。情報化と子どもはどのように結びつくのか、情報の問題において子どもと子ども以外の違いは何か、子どもの問題において情報はどのような位置を占めるのかについて考えてみる。

2　情報と子ども

(1) 情報という言葉

まず「子ども」と「情報」の結びつきについて考えてみよう。子どもと情報の結びつきを自明視せず別々に考えてみる。そもそも情報とはなんだろうか。この言葉はいろいろなところで用いられるが、いざ定義や意味をとわれると難しい言葉である。たとえば辞書には次のような説明がある。

> 事物・出来事などの内容・様子。また、その知らせ。ある特定の目的について、適切な判断を下したり、行動の意志決定をするために役立つ資料や知識（『大辞林』）。

もう少し専門的な定義として、JIS（日本工業規格）で定められている用語集には次のように記されている。

> 事実、事象、事物、過程、着想などの対象物に関して知り得たことであって、概念を含み、一定の文脈中で特定の意味をもつもの。(JIS情報処理用語 － 基本用語) 対応英語 information)

しかし、このような説明だけでは、なかなか判然としない。情報の問題の難しさのひとつにはこの言葉がもつ曖昧性や多義性がある。もう少し辛抱して、この言葉の登場について考えてみたい。日本語での情報という言葉の初出は、酒井忠恕の訳書『佛国歩兵陣中用務實地演習軌典』(1876年) であるとされる (小野, 2005)。また少し後には森鷗外がクラウセビッツの『戦論』の訳書 (1901年) において情報という言葉を使用していることも有名である。

こうした情報という言葉の登場時の用法に共通しているのは、現在の意味とは異なり、案内、しらせ、諜報、戦況など軍事や諜報面の限られた文脈で用いられたという点である。情報という言葉が用いられるようになった当初は、軍事的に重要な知識の色彩がつよく、子どもと結びつく言葉ではなかったのであ

る。

(2) 情報をめぐる状況の変化

それでは，現在のように情報という言葉が幅広く用いられるようになったきっかけは何だろうか。またこのような情報の意味の変化はどの時期に起こったのだろうか。これはいくつかの大きな変化を要したが，特に重要なものとして次の2つをあげておく。

ひとつには情報通信技術の発達と産業構造の変化，情報通信技術の存在感の高まりである。ごく一部の例外を除き，20世紀のはじめまでは情報の概念や理論が今日におけるように科学の主要な対象になることは考えられなかったし，今日のように情報通信産業や情報通信技術を利用した仕事に多くの人が従事することも考えられなかった。

もうひとつは，文化や社会を情報の観点から論じる情報化社会論である。この言葉は特に日本において流通し，1960年代から産業の脱工業化，サービス産業への移行を情報化社会（知識産業，脱工業化社会など同種の呼称がある）と呼び，将来の生活の変化を予測，構想した。つまりこの2つの変化によって，情報の影響力が増したことに加え，さまざまな事象を情報と関連づけて説明する語彙ができたのである。これらによって，情報は知識に等しい扱いを受け，持つ者に力をもたらすという考えがひろまったともいえる。

しかし情報化社会論のなかで子どもや教育についての言及はあってもごく一部であり，教育の課題として情報が取り沙汰されることはほとんどなかった。

(3) 子どもの課題・教科としての情報

先述の辞書的な定義上は，学校で伝達される知識も情報のひとつである。しかし，学校ではこうした広義の情報ではなく，教育の課題や手段という限られた文脈で情報が扱われる。学校において現在のような情報への関わり，教科としての情報教育が方向づけられたのは，高校の専門教育を除けば，1980年代に入ってからである。教育方法の改善や実験，教育の管理運営などではコンピュータをはじめとする情報機器の活用が進められていた。情報が知識に近い扱い

を受けるようになる過程で、教育の手段だけではなく目的として情報が取り上げられることになった。特に臨時教育審議会の4度にわたる答申では、教育と情報との関わりが多く扱われ、後の議論に影響力をもった。

第一次答申（1985年）では、社会の情報化が及ぼす教育へのプラス、マイナスの影響に対する対応、情報科学・情報技術の成果の教育への応用の2つの側面から教育の見直しの必要性が唱えられた。さらに第二次答申（1986年）では、「情報活用能力（情報リテラシー——情報および情報手段を主体的に選択し活用していくための個人の基礎的な資質）」という用語が登場し、学習の双方向化、情報化のネガティブな側面への配慮、教材のあり方などより踏み込んだ言及がなされた。さらに第三次答申（1987年）では情報手段の活用による学校教育の活性化とともに、「情報モラル」を確立する必要性が唱えられた。

その後のさまざまな施策によって（表11-1）、学校において情報は教育内容や教科として一定の位置を占めるに至っている。

子どもと情報の結びつきは、このような学校や社会の配慮の結果、形成され

表11-1　学校における情報教育の整備

主な施策	内容
臨時教育審議会〈1984～1987（昭和59～62）年〉	情報による教育の見直し（第一次答申） 情報活用能力（第二次答申） 情報モラル（第三次答申）
「情報化社会に対応する初等中等教育のあり方に関する調査研究協力者会議」〈1985～1990（昭和60～平成2）年〉	学校種ごとの情報教育
学習指導要領改訂〈1989（平成元）年〉	「情報基礎」新設
『情報教育に関する手引』〈1990（平成2）年〉	具体的な導入方法の検討
中央教育審議会「21世紀を展望した我が国の教育のあり方について」（第一次答申）〈1996（平成8）年〉	情報教育の体系的実施 ネットワークの活用等
教育課程審議会「幼稚園、小学校、中学校、高等学校、盲学校、聾学校及び養護学校の教育課程の基準の改定について」〈1998（平成10）年〉	情報の教科・内容必修化
学習指導要領改訂〈小・中学校 1998（平成10）年〉、〈高等学校 1999（平成11）年〉	中学「情報とコンピュータ」 高校「情報A/B/C」
『情報教育の実践と学校の情報化』〈2002（平成14）年〉	『情報教育に関する手引』の改訂
学習指導要領改訂〈小・中学校 2008（平成20）年〉、〈高等学校 2009（平成21）年〉	情報モラルの記述 社会と情報、情報の科学

たのである。さらに新たな学習指導要領の改訂で，小中学校の総則や道徳，中学校の社会科，技術・家庭に情報モラルに関する記述が盛り込まれ，情報は教科の枠を超えて扱われる比率が高まっているといえる。

3 子どもと情報の問題

(1) 子どもの問題の情報化の側面

　次に，子ども・情報と問題の結びつきについて検討しよう。子どもにとっての情報は，「光と影」，「使い方によっては，身体的，精神的，文化的に様々な弊害を生む可能性」（臨教審二次答申）という表現が用いられている。このことに端的に示されているように，手放しで迎えられたわけでなく，警戒する視点がある点は大きな特徴であり，注意を要することである。たとえば同時期に教科となった高校「福祉」ではこのような警戒はないし，他の教科においてもないだろう。

　新しい技術ができても，適切な使途が理解されているとは限らない。情報に対する危惧と同種の議論は随分と昔までさかのぼることができる。著名なものにギリシア時代のプラトンの対話編における，ソクラテスの創話（タムゥスに文字の利点を説くテウト，それに対するタムゥスの反論）がある。少し長くなるが引用しよう。

「王様，この文字というものを学べば，エジプト人たちの知恵はたかまり，もの覚えはよくなるでしょう。私の発見したのは，記憶と知恵の秘訣なのですから。」
—しかし，タムゥスは答えて言った。
「たぐいなき技術の主テウトよ，技術上の事柄を生み出す力を持った人と，生み出された技術がそれを使う人にどのような害をあたえ，どのような益をもたらすかを判別する力をもった人とは，別の者なのだ。いまもあなたは，文字の生みの親として，愛情にほだされ，文字が実際に持っている効能と正反対のことを言われた。なぜなら，人々がこの文字というものを学ぶと，記憶力の訓練がなおざりにされるため，その人たちの魂の中には，忘れっぽい性質が植えつけられることだろうから。それはほかでもない，彼らは，書いたものを信頼して，ものを思い出すのに，自分以外のものに彫りつけられたしるしによって外から思い出すようになり，自分で自分の力によってうちから思い出すことをしないようになるから

である。事実，あなたが発明したのは，記憶の秘訣ではなくて，想起の秘訣なのだ。また他方，あなたがこれを学ぶ人たちに与える知恵というのは，知恵の外見であって，真実の知恵ではない。すなわち，彼らはあなたのおかげで，親しく教えを受けなくても物知りになるため，多くの場合は本当は何も知らないでいながら，見かけだけはひじょうな博識家であると思われるようになるだろうし，また知者となる代わりに知者であるといううぬぼれだけが発達するため，つきあいにくい人間となるだろう。」

(プラトン，『パイドロス』)

　このくだりは時代を問わず通用するし，文字という部分をコンピュータ等に置き換えても通用するだろう。今日では，情報活用能力は，読み，書き，算に加えられるものといわれるが，読み，書きに対してもこのような危惧が表明されることがあったという点は注目に値する。新しい技術に問題が伴うのは当然であり，子ども・情報と問題のかかわりも例外ではないが，こうした危惧がなぜ表明されるのかもう少し考えてみたい。

　口承，紙や本，電話やテレビやコンピュータはメディアとして括ることができるものである。こうしたメディアの分類として示唆に富む物として，フィスクの3つの分類がある。彼によれば，メディアは①Presentational：人そのものが表現する，身振りや手振り，発話。②Representational：作品，人が作成した物を通じて表される物。③Mechanical：電話などの機械，時間や場所の制約を超えたものに分けられる。人々が用いるメディアはより人間から離れ，難しい問題をはらみつつ，人そのものから道具や環境へと拡散しているといえる。

　口承による伝達から文字による伝達への変化は，文字を覚える必要を生じさせ，より多くの情報に触れる機会を増したものの，かつて身につけるために要した個別的な訓練を不要にし，直接的な経験から離れた知識を増すことになった。さらに文字による伝達から機械や電子メディアの音声や映像への変化は，より多くの文字を安価かつ広範囲に流通させることを可能にした一方で，一部では文字の習得の労力を省くことにもつながった。

　また，メディアの発達は，場所の感覚の喪失を促すという指摘もある。かつ

て親や教師などの大人たちや他の子どもから，物理的に離れた場所で隠れてやっていたことを，対面上でしたり，日常的にテレビでさまざまな舞台裏をみるようになっている（メイロウィッツ，2003）。

今日の学校では携帯電話の持ち込みが問題になっている。もちろん主な理由としては学校の勉強に関係のないものをもちこむべきでないということがあげられるが，この他の理由として，学校以外の場所が持ち込まれ，場所の感覚の喪失を進めることに対する戸惑いをあげることもできるだろう。情報化の「光と影」といわれるが，両者を分けるのは，明確な道徳的な逸脱行為にかぎらないのである。

こうした情報に対する危惧が表明される理由のひとつには身体性，体との距離の問題があるといえる。子どもと情報の問題は，メディアが人そのものから作品へ，さらには機械へと身体から離れて拡散することに対する危惧や価値や文化の葛藤であるとも考えられる。

(2) 情報の問題の子ども・教育の側面

情報について，学校で学習して身につけるべき能力は「情報活用能力（情報リテラシー）」と呼ばれている。臨教審の第二次答申以降，この用語は，情報化の進展に対応した初等中等教育における情報教育の進展等に関する調査研究協力者会議「体系的な情報教育の実施に向けて」（第一次報告）（1997（平成9）年）によって次のように3つの要素に整理されている。

① 情報活用の実践力：課題や目的に応じて情報手段を適切に活用することを含めて，必要な情報を主体的に収集・判断・表現・処理・想像し，受け手の状況などを踏まえて発信・伝達できる能力
② 情報の科学的な理解：情報活用の基礎となる情報手段の特性の理解と，情報を適切に扱ったり，自らの情報活用を評価・改善するための基礎的な理論や方法の理解
③ 情報社会に参画する態度：社会生活のなかで情報や情報技術が果たしている役割や及ぼしている影響を理解し，情報モラルの必要性や情報に対す

る責任について考え,望ましい情報社会の創造に参画しようとする態度

　今日では情報活用能力は情報リテラシーと呼ばれるようになり,情報にかぎらず,文化,メディア,環境,科学,金融,文化などさまざまな領域で必要な能力,知識の活用能力が○○リテラシーとして取り上げられるようになっている。リテラシーの大きな意味のひとつである「識字」が社会生活において最低限必要な能力とされることから類推してのことだろう。
　しかし,さまざまな領域でこのように多くのリテラシーが登場したことは,身につけるべきものの飛躍的な増大を意味するのだろうか。いずれも登場から年月がたっており,単なる流行を超えたものであると考えられる。
　このようなリテラシーへの注目の原因として3つの理由をあげておこう。
　第一に,学習者の主体性に対する注目である。何か必要な知識を定義し,それを注入するのではなく,学習者の視点に立って必要な能力を定義するということである。この背景には動機づけの点で利点がある他,成人学習者を意識していることが考えられる。第二に,社会の不確実性の増大に伴い,特定の仕事を長期間こなすための特殊な技能よりもさまざまな仕事をこなすのに役立ち,変化に適応しやすい汎用的な技能が重視されるようになったことがあげられる。第三に,技能だけでなく,意志や態度や行動などさまざまなものが学習者に求められるようになっていることである。
　情報リテラシーはこうした変化の代表的な事例とみることができると同時に,情報リテラシーが変化の呼び水になったという側面もあるかもしれない。
　次に,情報リテラシーが注目される前のリテラシーについての議論をみてみよう。子どもとリテラシーの関わりについて,ポストマンは『子どもはもういない』(1982年)において,次のような主旨の指摘をしている。
　印刷技術の登場,活字の普及は本を読むことができる大人と,本を読むためのリテラシーを身につけるための長い訓練の過程にある子どもを分けることになった。ラジオ,そののちにはテレビという新しいメディアの登場はこうした大人と子どもを分けるリテラシーのあり方を変えることになった。音声や映像メディアは,これまで大人に限られていた情報をわけ隔てなく子どもにも与え

るようになり，リテラシーのための訓練を不要にし，子ども期がなくなった。

しかし，今日においてこうした議論には首肯できない部分があるように思われる。近年の電子メディアは，テレビのような映像メディアとは事情が異なり，文字は活字と変わらず必要であり，場合によっては活字以上に多くの文字が用いられる。それらを読むだけでなく，仮に拙いものであったとしても情報を発信したり，編集したりする機会は多く，文字の習得はあいかわらず前提になっている。

また，テレビに比べて細分化したグループ（匿名掲示板やオンラインコミュニティ）において子ども独自の集まりや行動様式を維持しているのは明らかだからである。仮に出会い系サイトのようなところで悪意ある大人と接触する機会があっても，大人と子どもの区別がつかなくなったというよりは，判断力の未熟な子どもが保護される必要性が増したとすることも可能だろう。事実，結果としては子どもの生活の情報化の進展は，大人の危機意識を高め，情報に対する姿勢を確立する必要性が喧伝されたのである。また，情報化によって子どものサブカルチャーが強調され，特にさまざまな情報機器やサービスの消費の主体として子どもへの注目を高めることになり，消費者としての子どもが新たに「発見」されたということもできるだろう。

いずれにせよ，リテラシーが素朴な能力として存在するのではなく，大人と子どもを区分するのに重要な役割を果たしているという議論の示唆することは重要である。

(3) 情報の多様性と冗長性，安定性と不安定性

社会の変化に応じて，教育のあり方も変わる必要があるが，一方で新しいものを追うばかりではなく，流行に左右されない内容を確立する必要があることが指摘されている。これらは臨時教育審議会の答申以来，「不易」と「流行」として文教関係の文書に登場する考えである。確かに，変化に対応するために個人に判断する力や活用能力をつけさせるのはひとつの方法であるが，教育には情報の価値判断をしたり，限定したりするという機能もある。

ここでは両者を二律背反としてではなく，クラップ（Klapp, O.E., 1978）の議

論に依りながらひとつの枠組みのなかに位置づけてみたい。クラップは開放化（情報の多様性）から閉鎖化（情報の冗長性）の尺度をひとつの軸とし、さらにこれを安定的なもの（情報）と雑多で不快感の伴うもの（エントロピー）というもうひとつの軸によって分けることで4つの領域に分類している。

そこで、①（良い開放化）多様で安定的なものとしては、学習や成長、驚き、発見をあげ、②（良い閉鎖化）冗長で安定的なものとして、儀礼や繰り返し、記憶、アイデンティティをあげている。この否定的な側面として、③冗長で不快なもの（悪い閉鎖化）として、陳腐さ、退屈、制限をあげ、④多様で不快なもの（悪い開放化）として、情報過多や雑音、強化の欠如をあげている。さらに一般的に、悪い閉鎖化は良い開放化への、悪い開放化は良い閉鎖化へとむかう動きを必要とすることを指摘している（クラップ，1983，p.42）。

子どもと情報に関わって取り沙汰される問題にはこの2つの動きが併存しているのである。

良い開放化への動きは、これまで情報化の利点として強調されてきたことである。たとえば画一的な方法に退屈する子どもに、多様な方法を提供することで学習を促すことや、孤立する子どもにメディアによる体験の機会を与え学習への参加を促すことなどである。

一方、良い閉鎖化への動きは、近年において顕著なことである。たとえば学校でのインターネットや携帯電話の利用をフィルタリングや持ち込み禁止などで制限すること、学習において単純なドリルや身体性が強調されること、情報モラルの教育が強調されることなどである。

以上の枠組みの示唆することは、子どもと情報の問題が、冗長性と多様性という2つの対照的な動きによって生じるもので、対応する教育のあり方も開放化と制限という背反する価値の問題に直面しているということである。

4　おわりに

以上、情報化、子ども、問題についてそれぞれの結びつきを中心に素描してみた。個別の問題の詳細や方法論的な課題については割愛したが、改めて次の

点を確認しておきたい。

情報の言葉が登場した当初は，子どもと結びつく言葉ではなかった。子どもと情報化の結びつきは，1960年代以降に情報の重要性が説かれるようになった後，ビデオや電話，テレビゲームなどメディアや情報機器の個人化に伴い，サブカルチャー論として，さらには1980年代以降，社会の要求に応じる形で教育課題として取り上げられることになった。情報化と子どもの結びつきは新しいものであり，必ずしも不可分なものではない。一方，技術やメディアと記憶や学習との関わりという点でみれば，古くまでさかのぼって新しい技術への危惧が存在している。

情報化への対応やさまざまなリテラシーの登場は，教育や子どもへの要求という側面に加え，教育によってその必要性が発見され，社会に対する働きかけとして登場したという2つの側面がある。

子ども，教育にとって情報化は精神的，文化的な側面まで多岐にわたる影響を及ぼすものとされ，肯定的評価と危惧が同居しているが，その取り扱いも開放化と閉鎖を織り交ぜた複雑な扱いを要するものである。

考えてみよう

① 情報という言葉の意味についてもう一度考えてみよう。

② ○○リテラシーという言葉をできるだけ多くあげて，それぞれの意味を考えてみよう

③ 子どもの発達段階や学校種（小学校，中学校，高校，大学）によって情報の「問題」はどのように異なるか考えてみよう

【引用参考文献】

小野厚夫，2005，「情報という言葉を尋ねて(1)」『情報処理』46(4).
春木良且，2004，『情報って何だろう』岩波書店.
クラップ，O. E., 1983，『情報エントロピー――開放化と閉鎖化の適応戦略』（小林宏一・川浦康至訳）新評論（原著，1978）.
広田照幸，2001「「こどもはもういない」のか」『創文』.
プラトン『パイドロス（プラトン全集）』（田中美知太郎訳）岩波書店.

ポストマン, N., 2001/1995,『子どもはもういない（改訂版）』（小柴一訳）新樹社（原著, 1982）.
メイロウィッツ, J., 2003,『場所感の喪失（上）』（安川一・上谷香陽・高山啓子訳）新曜社（原著, 1986）.
山内祐平, 2003,『デジタル社会のリテラシー』岩波書店.

第12章 子ども問題と語りの地平

山本　雄二

1　はじめに

　「子どもたちが変だ」という議論は戦後わが国のマスメディアが好んで扱ってきたトピックのひとつである。おそらくそれはいまも変わらない。ただ，私的な会話であれ，メディア上での議論であれ，この主張はなんとなく言いっぱなしの感があるし，根拠もはっきりとはわからないままにとにかく対症療法だけが実施されてきたような印象も受ける。ナイフは危険だから鉛筆削り器を教室に置くことにしようとか（1960年代初頭），校内暴力には体育会系の教師を生徒指導係として加配しようとか（1980年代前半），自殺する生徒が問題になればカウンセラーを配置しよう（1995年以降）といった例を見れば，教育政策とはその時々の問題にとにもかくにも応急措置を施すことの繰り返しであったともいいたくなる。そして，その集大成ともいえるのが2006年の教育基本法改正であろう。教育基本法が悪いから子どもたちがおかしくなったのだと改正推進派の人たちは考えていたようで，その根本的な療法がこの法律の改正というわけである。

　教育基本法の改正に際しては，子どもと教育をめぐる多岐にわたる論点が議論の対象となり，種々のメディア上で賛否両方の立場から多くの人が持論を展開したことは記憶に新しい。意見のひとつひとつをここで検討するつもりはないが，意見にはそれぞれが依って立つ「地平」（俗に「土俵」といってもよい）があることを知っておくのは無駄ではないだろう。「地平」の存在を知ること

は議論の性格を理解するうえでも重要であるし，知らず知らずのうちに乗せられてしまっているかもしれない特定の土俵から一歩退いて，議論の全体を相対化することにも役立つと思うからである。

本章の焦点は，子どもと教育をめぐる議論において，「語りの地平」とは具体的にどのようなものであり，地平の違いが語りをどのように方向づけるのかを示すことにあるが，その前に議論の場となる問題領域の形成と観察可能な個々の問題行動とがどのような関係にあるのかについても簡単に整理しておきたい。

② 子ども問題と問題行動

(1) 子ども問題の条件

そもそも「子ども問題」とは何だろうか。言うまでもなく，大人から見て子どもがおかしなことになっている，あるいは問題であると認識されることが前提である。そして，そのように認識されるためには子どもの様子が観察され，それが問題であると判断されることが必要だ。言いかえれば，「問題行動」が発見されることが必要なのである。ただし，タミフルを飲んだら急に窓から飛び降りたとか，器質的な意味で心身に異常があるために起きる異常行動とかをここでいう問題行動には含めないのが普通である。なぜ含めないかといえば，それらはしつけや教育と関係なく発生するものであり，親や教師にとってはいわば不可抗力の出来事だからである。このことから第一にわかるのは，問題行動とみなされるのは，成長のプロセスでしつけや教育といった社会的な働きかけの不備が原因であると考えられるものにかぎられるということである。

では，家庭や学校や地域における子どもの個々の問題行動がすべて子ども問題とみなされるかといえばそうではない。家庭での子どもはたいてい親の言うことを聞かない，部屋を片付けない，ゲームを夜遅くまでやっている，勉強をしない，言葉づかいが汚いなど，あげればきりがないが，それらがすべて子ども問題として扱われるわけではない。学校や地域でも，けんかをして相手にけがをさせるとか授業中に私語をするとか，万引きするなどの問題行動がただちに子ども問題になるわけではない。さらにもっと重大な事件，たとえば小学生

が同級生を刃物で傷つけたとか，中学生が近所の小学生を殺害したうえに，頭を切り落とすといった残虐で衝撃的なケースはどうだろうか。もちろんニュースとしてはセンセーショナルに扱われるに違いないけれども，こうしたケースですらそれ自体としてただちに子ども問題になるわけではない。戦前の少年事件報道の多くがそうであったように，特殊な子どもによる例外的な事件として扱われることもありうる。では，子どもの問題行動が「子ども問題」へと変化するにはどのような条件が必要だろうか。

　条件はすくなくとも2つある。ひとつは，子どもの多くがおかしくなっているのではないかといった感覚を，漠然とではあれ，大人の側がもっていること。ひとりひとりの大人が直接見たり，対応したりする子どもの数は限られている。にもかかわらず，他の人の話を耳にしたり，あれっと思うような現象に出くわしたりすることが重なると，多くの子どもの様子がこれまでと違ってきていると感じるようになる。やがてそれは子ども全体になにか得体の知れない地殻変動が起きているのではないかという印象にもつながっていく。

　しかし，それだけではまだ私的な印象形成の域を出ない。子どもの問題行動が「子ども問題」に移行するには社会問題になることが必要であり，その前提として得体の知れない地殻変動がマスメディアや公的な場で語られることが必要である。これが二番目の条件である。子どもの問題行動が個別的なエピソードではなく，子どもたち全体のなかにうごめく地殻変動の兆候であるとの認識が社会的に共有されることで，地殻変動は社会問題となり，それまではあくまで個別の困り事にすぎなかったものが，社会的な「子ども問題」の一例とみなされるようになる。言いかえれば，「子ども問題」が成立するとそれまで偶発的で散発的な出来事と受け止められていた事柄も，「子ども問題」という共通の枠組みのなかに位置づけられ，「腑に落ちる」ようになるということだ。

　ここで注意しておきたいのは，「子どもたち全体」などというものは誰一人として実際に見ることも知ることもできないということである。個人が知ることができるのは自分の身近な子どもたちの様子であるか，マスメディアで報じられた事件くらいである。しかも，いくら大騒ぎされたとしても報道される少年事件の数などはたかが知れている。観察される事例の集合から「子どもたち

全体」まではナイヤガラの滝ほどの大きな落差があり，事例観察を積み重ねてゆけば「子どもたち全体」に行き着くというようなものではないのである。「子どもたち全体」へと飛躍するためには，そこになにがしかの人間観や子ども観を動員するか，すでにある「子ども問題」の認識枠組を流用するよりほかにない。「子どもたち全体」とはそういうものである。そして，いったん「子ども問題」の枠組みを受け入れてしまうと，自分が直接知ることのできる数少ない事件は当の「子ども問題」の例証として解釈できるようになるし，また特に問題児でない子どもたちを，根拠ははっきりしないままに（これが重要！），問題予備軍とみなすこともできるのである。

(2) 地平と語りの秩序

　さて，そのような「子ども問題」の場における議論は普通，同じ地平の上で行われることが多い。相手を攻撃したり，論点をめぐる争いがあったり，事実認識について見解の違いがあったとしても，とにかく相手が何を言っているのかがわかる時点で，それらはすべて同じ地平にあるといえる。そこに地平の異なる議論が紛れ込んでくるとどういうことになるだろうか。賛成も反対もできないだけでなく，そもそも相手が何を言っているのかがわからない，的外れの議論である，果てはなぜその人がここにいるのかといった疑念がわくなど，その場の雰囲気が怪しくなる。程度の違いを度外視すればこういうことは日常の場面でもよく経験することである。そして，ほとんどの場合は周りのただならぬ雰囲気に気づいた発言者が的外れであったことを謝罪して発言をなかったことにするか，周りが発言を無視して進めるというかたちで場の秩序はとりあえず保たれる。

　しかし，地平の異なる議論がいつも単なる雑音で終わるとはかぎらないことにも注目しておきたい。もしそれをきちんと受け止め，議論の俎上に乗せれば，それまでの議論を思いもかけないかたちで深化させる可能性だってあるはずなのだ。この点について，次節以降で検討を試みたい。

3 霊的存在としての文化と人間

　例としてあげるのは「教育改革国民会議」での議論である。同会議は，「子どもたちがおかしくなっている」という認識を共通の前提として，当時の小渕恵三首相の私的諮問機関として2000年3月に設置されたもので，教育をどう改革すればよいのかを議論して，その後の教育基本法の改正内容にも大きな影響を与えたことで知られている。会議は全体会議のほかに3つの分科会で構成されていたけれども，ここで注目するのは「第1分科会（人間性）」での議論，そのなかでも特に2000年6月15日の第2回会議での宗教学者・山折哲雄の議論である。会議ではあらかじめ報告者の意見を書いたレポートが各委員に配布され，その場で報告者は簡単に説明をすることになっていたようで，首相官邸HPからレポートの全文と議事録を見ることができる。次に引用する文章は山折の報告レポートからの抜粋である。

　「（日本の伝統文化は：筆者注）今日の日本人の精神生活を，その自然観や人生観，美意識や生命観に至るまで様々な形で育んできた民族的アイデンティティの原郷であるといっていいのである。その伝統文化の探究と開拓という仕事が，我が国の近代的な教育システムの中ではほとんど無視に近い扱いを受けてきたのである。今日流行の言葉を使えば，まさに「心の教育」の根本問題がほとんど忘却の憂き目にあってきたのである。ちなみにここで特に留意すべきは，この伝統文化というものは，それが政治，経済的な形をとるものであろうと芸術，文芸の姿をとるものであろうと，常に『精神性』とか『霊性』といった要素を本来的に濃厚にたたえているものであったということである。それは単に客観的，分析的な記述ではとらえられない世界に属するものであり，共感と感動をともなう事なしにはそもそも伝達することのできない性格を持つものであったということである。」（官邸HP：河上，2000）

　この部分はわが国の教育がこれまでずっと科学技術と社会科学を軸としてきたのに対して，芸術・文化・宗教をもっと重視すべきだという提案の説明として書かれた部分である。山折の強調する伝統的文化は，自然観や人生観，美意

識や生命観，ようするにわれわれの世界観すべての元になるものであり，本来的に「精神性」や「霊性」を濃厚にたたえている。そのため客観的・分析的な観点からはとらえられない世界に属するものであるというのであるが，それだけではない。伝統的文化は人間によって担われ，具現化されなければ存在しえないのだから，人間そのものを本来的に「精神性」や「霊性」を濃厚にたたえている存在として見なければならないという含みをもっていることにも注意したい。

　第一分科会の委員は舞台演出家や作家，教育学者，現役高校教員，元オリンピック選手などいずれも著名な文化人たちであり，山折の主張に反対する人はひとりもいなかった。反対どころか，伝統文化なかんずく芸術・文化・宗教を重視すべきであるという点には全員が賛同している。しかしその一方で，伝統文化や人間が本来的に「霊性」を濃厚にたたえており，客観的・分析的観点ではとらえられない世界に属しているという発言を正面から受け止め，議論に応じられた人は誰ひとりとしていなかった。ようするにこの部分は無視されたのである。積極的に無視されたというよりは，おそらくはどう反応してよいかわからなかったというところであろう。

　たしかに芸術・文化・宗教の部分は学校の教科をイメージしやすいのに対して，「霊性」ということばはあまりにも宗教的世界に踏み込んだ表現であるようにも思われる。宗教的であることを非現実的であると受け止める人にとっては，まともに反応すれば議論全体が非現実的なものになってしまうのではないかと心配になるのも無理はない。しかし，山折の「霊性」の議論は単に無視してやりすごせばよいというような非現実的で荒唐無稽な議論だろうか。教育改革の議論をさらに深めるような意味のある「地平の違い」を示してはいないのだろうか。そして，その「地平の違い」が意味あるものであるとしたら，それはどのような意味においてなのかを考える必要はないのだろうか。

　幸いにも，この点を考察するのに都合のよい手がかりが社会学の伝統のなかにはある。社会学は社会を，物を見るようには見ることはできないけれども，まちがいなくリアルな存在であると考えている。宗教や霊魂についても同様である。では，社会学にとって宗教や霊魂がリアルであるとはどのようなことを

いっているのだろうか。考察のための糸口として，まずはデュルケム（Durkheim, É.）による宗教と霊魂の説明を瞥見したうえで，「霊性」を語る地平とはどのようなものであるかについての考察に戻ることにしよう。

4　霊魂とは何か

(1) 霊魂の性質

『宗教生活の原初形態』（1912年，訳書1975年）でデュルケムは宗教的信仰の最も原初的な姿を見定め，そこから宗教の本質を取り出そうと試みた。目をつけたのはオーストラリア先住部族の間に多く見られるトーテミズムであり，過去に人類学者たちが残した記録をもとにかれは周到に検証を加えていった。霊魂はその検証項目のひとつである。トーテミズムにかぎらず，およそ霊魂観念のない宗教はないが，霊魂の考察までにすでにトーテムの本質理解に到達していたと考えたデュルケムにとって，霊魂は宗教の本質というよりもむしろ本質からの派生体ともいうべきものであった。とはいえ，霊魂への信仰を考察することは，人間の本性を考えるのに格好の手がかりになると考えてもいたようで，そのことは本章の趣旨とも重なるところが多い。すこし回り道と思われるかもしれないが，デュルケムが霊魂をどのように理解していたかを確認しておきたい。かれの研究によれば，トーテミズムにおける霊魂はおおよそ次のような特性をもっている（以下の説明はデュルケム（1912, 訳書1975），フォンタナ（1907, 訳書1983）による）。

(1) 霊魂は宿主の肉体と多くの類似点をもつと考えられている。霊魂は肉体と同じように欲望をもち，それゆえ霊魂は実体的である。それにもかかわらず，霊魂は普通の人間には視ることも触れることもできない。その意味で霊魂は精神と同じ特性をもってもいる。

(2) 霊魂は肉体と深いつながりをもち，人間とともに生まれ，成長し，老衰する。人間が老衰し，尊敬の対象とならなくなるのは，霊魂もまた老衰し，若い頃のような力を発揮できなくなるからである。

(3) 肉体との深いつながりにもかかわらず，霊魂は部分的には肉体と独立し

ており，生命あるときにすら肉体から脱出することがある。眠っているときの夢などがその例である。しかし，霊魂が真に自立性を獲得するのは肉体の死後である。肉体の死後，霊魂は屍体のまわりをしばらく飛び回り続け，肉体が生きた場所を訪れ，墓場の周辺を彷徨し，夜になると野営地に入り込み，喪がしっかり守られているかを監視する。

(4) 霊魂と肉体との紐帯は非常に強いので，霊魂を完全に解き放つには特別な儀礼が必要である。屍体を乾燥したり，時には骨を粉砕したりする儀礼がそれである。また，叫び声やなしうるかぎりの激しい騒音をたてることによって霊魂は墓場に押し込められ，そこから霊魂の国へと赴くと考えられている。その国はときに地下深く，部族の創始者たる祖先が命を失った地点の下にあり，ときには雲の上の天空にある。霊魂は部族ごとに固有であり，宿主個人の善行や悪行とは無関係に，未来へと受け継がれてゆく。それ故，霊魂は子どもの出生の度ごとに誕生するのではなく，新生児は祖先の霊魂の新しい化身であると考えられている。

霊魂の特性はおおよそ以上のようなものであるが，さてそのような特性をもつ霊魂をどう考えればよいか。第一に確認できるのは，霊魂は人間のなかに入り込み，人間の一部をなしていると同時に，人間を越えた聖なる特性と威厳とをもっているということである。だからこそ霊魂によって人間は活力を得るとともに尊厳をも得ることができるのである。では，いったい霊魂の何がそうさせるのか。霊魂のもつ力の源泉はどこにあるのか。デュルケムによれば，霊魂は各個人に具現化され，個人化されたトーテム原理以外のものではない。

(2) トーテムと社会

では，そもそもトーテムとは何なのか。形式の面だけでいえば，トーテムとは各氏族に固有のシンボルであり，多くは動物や植物が採用されている。それだけでなく，人びとはしばしば身体や住まいにトーテムを表す紋章を刻み，また特別な時にはトーテムを象徴する鳥の羽や枝などを身につけ，自分たちがトーテムと同じ種類の存在であることを示威したりもする。トーテムは氏族にとって神聖な存在であり，トーテムに対しては独特のタブーや儀礼が義務づけら

れている一方で，氏族に対して救済を与えるものであると考えられている。

　こうしたトーテム信仰の不可解さについて，未開人たちは人間の肉体に襲いかかる危険から霊魂を守るために動物や植物のなかに仮託した結果であるとか，あるいは自然に対する畏怖の念が動植物に神聖な観念を与えるもとになったと人類学者たちは解釈した。そうした人類学者たちの解釈に対してデュルケムは真っ向から異議を唱える。デュルケムにとっては人類学者たちの解釈は理屈に合わないことばかりであった。第一，人間の肉体に襲いかかる危険にくらべて動物や植物のほうが安全であると考える根拠はどこにもないし，自然への畏怖にしても，太陽や雷など強大な力を持ち，ときに脅威となるものはほかにないはずなのに，これらの対象をトーテムとする氏族はほとんどいないのである。また，トーテムに選ばれた動物や植物それ自体に神聖な能力を認めている例もほとんどないし，それどころか多くの場合，聖なる特性が宿るのはトーテム像，すなわちトーテムを表した紋章のほうであると考えられているのである。いったいこのことは何を意味しているのだろうか。

　デュルケムが考えたのは，トーテムは何かあるものの象徴であるにちがいないということである。宗教的人間は神から一定の行動様式を要請されていると感じ，そこからの離脱は不幸にさらされることを意味している。また宗教的人間は神に依存するだけではなく，信仰のうちに新しい力を汲み取り，より多くのエネルギーをもって人生の困難に立ち向かうことができる。神はわれわれの内部に力と生命を維持する救いの力でもある。これと同じ働きをするものとはいったい何だろうか。それは「社会」をおいてほかにないのではないかとデュルケムは考えた。

　社会はわれわれに自分が欲したのでもなく，つくったのでもない規則や意識を強制する。もしそこから脱しようとすれば，われわれは非難と罰という制裁を受けることになるだろう。またわれわれが自分の属する社会集団の慣習や信仰に敬意を払っているときにも，その権威がどこから来るのかをはっきり自覚していることはほとんどない。いずれの場合も，われわれの外部に自分たちの力よりも優越した道徳的力が存在することを認めるよりほかにない。そしてまた社会は個人のなかに浸透することによって個人の価値を高め，ある信念が集

団的に主張されるとき人はより強くなったように感じる。その流れがより大きなものとなったとき、人々の意識は個人を超えたものにまで高揚し、自己を犠牲にすることをもいとわない地点にまで達することがある。このようにして、社会はわれわれの力よりはるかに強い力として現れ、われわれの力を維持し、集団に活気を与えてくれるのである。以上の説明は実際、神の力を説明するのとなにひとつ異なるものではなく、このことからデュルケムは次のように結論する。神とは社会のメタファーであり、トーテムはその表象である。

(3) 霊魂とは何か

　トーテムをこのように理解すると、霊魂の理解もまた可能になる。すなわち、霊魂とはトーテム原理が個人化されて具現化したものなのだから、霊魂とはようするに個人化された社会の姿にほかならない。人は誰でも固有の肉体を持ち、誰ひとりとして他の人が占める空間を同時に占めることができず、誰ひとりとして他の人の痛みを代わりに感じることができないことから、社会の力が個人のなかに取り込まれるときにはいやおうなく個人に固有の変容を被る。これが個人化の意味である。人間が肉体的存在である以上、個人にとっての存在の固有性はどこまでいっても消えることがない。しかしその一方で、社会のなかで、社会とともにあるよりほかに人間としての存在を維持する術をもたないのが人間であることもたしかなことである。社会が個人のなかに浸透することなしに、人は社会生活を送ることも他人と協同することも、また他人を理解することも社会を担うこともできないのだ。デュルケムはこうした特性を「人間性の二元性」と呼び、人間は全面的に固有の存在であることも、全面的に社会的であることもできないことを強調する。その意味で「われわれは決して完全に自分自身と一致することはできない」（デュルケム，1983, p.216）という。霊魂が特定の個人と不可分であると同時に個人を超越した特性をもつものとして、われわれに感じられるのはそのためなのである。

　さて、もう一度山折の「霊性」議論に話を戻そう。

5 子ども問題と語りの地平

(1) 未知なる存在としての人間

　霊魂に関するデュルケム的な理解を踏まえるなら，霊魂の存在を認めること，あるいは人間が「『霊性』といった要素を本来的に濃厚にたたえている」という人間観をもつことは，人間が社会的存在であることを人間理解の根本に置くことなしに，人間についてわれわれはなにひとつわからないことを認めるということである。また同時に人間は他の人間のことはもちろん，自分自身すらも完全に理解することはできないと認めることでもある。というのは，（生物学的にはともかく）存在の固有性の根拠としての肉体はあまりに私的であり，私的なものを分析する概念装置は社会的に用意されていないからである。仮にもし，そのような概念装置があるとしたら，それはすでに社会によって汚染された身体のみを対象にできるにすぎない。また，自分のなかの社会性を理解しようと思えば，社会性だけを取り出して分析しなければならないが，個人にとって社会性はいつも外部から個人を超えた力としてやってくることを考えれば，それを自己分析の対象にするのはおよそ常人には不可能なことであろうし，また分析しようとする「わたし」自身がすでに社会に十分に汚染された存在であることを考えてもそのようなことはとてもできそうにない。「わたし」という存在は初めから常に社会に含まれているのであって，いっときたりとも社会の外部に出ることはできないと考えるべきであろう。実際，山折はレポート冒頭でこのことを明快に述べてもいる。

　「今日，われわれの前に横たわる重要な人間観に二つあると思う。一つは，人間の行動は，正常なもの異常なものを含めて，客観的に観察し分析し解釈することによって最終的に理解することが可能だ，とする人間観である。心理的な動機，社会的な背景，精神医学的診断等によって人間行動の全体を把握できるとする人間観といってもいい。この考え方はしばしば科学技術の成果を背景に語られ，近代的ヒューマニズムの価値観にもとづいて支持されてきた。その意味において近代的な人間観といっていいだろう。その歴史は，せいぜい二百

年，三百年であることに留意する必要がある。

　もう一つが，人間とはそもそも未知なる存在であり，したがってその行動も多くの謎に満たされた社会的動物であるとする人間観である。『人間この未知なるもの』という言葉で表現される認識にもとづくものといってよい。このような人間観は，右に述べた近代的な人間観とは異なって，ほとんど人類の発生とともにこの世に存在した人間観であると私は考える。(……中略……)戦後日本の教育の現状を考えるに，右の二つの人間観のうち特に後者の人間観に注がれた関心は極めて微々たるものであった。戦後教育の根本問題がこの点に潜んでいると私は考える。」(河上，2000, pp.129-130；官邸 HP)

　これとまったく同趣旨のことを山折は，1997年に神戸で起きたいわゆる「酒鬼薔薇聖斗」事件の折にも雑誌に書いているが(山折，1997)，その意見が正面から受け止められた気配はやはりなく，この委員会でも同様である。文中の「心理的な動機，社会的な背景，精神医学的診断等によって人間行動の全体を把握できるとする人間観」の表現は，「酒鬼薔薇聖斗」事件の際に示された社会の対応の仕方をなぞったものであるが，最後の「精神医学的診断等」は山折にとっては，犯行の原因を個人の病に収斂させてそれで終わりとするものであり，別のことばで言えば，結局のところ事件を理解する努力は放棄されたのだといってもよいほどの安易な幕引きに映ったことであろう。あれほど大きな社会問題になりながら，あの事件は「理解の放棄」によって最終的に個人に固有の問題に収斂させられてしまい，そのことによって，社会を見直す契機も失われたといってもよい。「人間は理解できるはずだ」という前提がかえって社会問題としては「理解の放棄」に至ってしまうパラドックス，山折はここに人間の理解可能仮説から始めることの希望のなさを見ている。

(2) 何が違うのか

　では「未知なる存在としての人間」の地平からはどのように異なる議論が導かれるのだろうか。おおよそのスケッチにすぎないが，違いの要点は次のようにまとめられるのではないかと思う。

　この地平からはまず子どもの教育に関して，こうすればかならずこうなると

いった因果論的な発想は退けられなければならない。教育が自覚的に行われることは否定しないが，そのことは特定の結果をなんら保証するものではないことを認めるべきである。多くの対策論がほとんど根拠を示すことができないままに想像上の因果論にもとづいているのとは対照的である。では，子どもが将来どのような大人になるかわからないまま，とにかくやみくもに何かをするしかないのかというとそれは違う。

　山折は具体的なイメージとして芸術・文化・宗教をあげているが，これを学校科目のイメージでとらえてはいけない。芸術・文化・宗教はいずれも個人の自由になる性質のものではない。これらはすべて世界の表象にかかわっており，それは根本において集合的・社会的なものである。私的な「世界の表象」などというのはそもそも語の矛盾ですらある。因果論的な発想にもとづく教育論は，子どもをコントロール可能な存在として見るが，それは教育する側を不変の位置に置いて，そこから子どもになにがしかのことを行って変化させようとするものである。それに対して，芸術・文化・宗教などの世界の表象を軸に据えることは，大人が子どもに何かを注入するのではなく，芸術・文化・宗教といった世界の表象に対し，個人を越えた力を認め，敬意を払い，従うことに苦痛と悦びを感じる生の体験を大人と子どもが共有することを意味しており，その体験とは，自分たちが芸術・文化・宗教を利用するなどという態度とは反対に，自分たちの存在が芸術・文化・宗教によってはじめてたしかなものとして自覚される体験でもある。

　こうしたことは，学校の教科内容をすこし変えてみるくらいではとても実現できそうにないし，地域で教育プログラムを用意してもまだぜんぜん足りそうにない。この地平にあっては，通常の意味での教育を念頭におくかぎり，どんな議論も的外れになってしまうだろう。語りの地平が変わることは認識枠組が変わることであり，認識枠組としての子ども問題の意味が根本から変わることである。では人間が霊的な存在であることを認め，因果論的発想から離脱した観点から子ども問題を語るとすれば，議論の性質はどのようなものになるのだろうか。

(3) 何が問題か

　霊魂が個人を社会的存在とし，またそのかぎりで個人を活性化できるのは，霊魂のかたちが社会の構造と基本的には同型であるからである。そのことを前提として，世の中に「子ども問題」があるとしたら，それは次のいずれかが生じているときであろう。ひとつは霊魂が壊れてしまっている場合。この場合，社会のありかた自体が霊魂にとって異常な状態である可能性が大きい。たとえば近年，社会の隅々まで市場原理が浸透したために大人も子ども自身も教育を市場原理で見るようになってしまったことが「子ども問題」の元凶であるとする議論がある。しかし，市場の秩序が道徳的秩序に支えられることがめざされていない社会のなかで，子どもだけが市場原理を越えた道徳的秩序に従うことを期待するのは幻想以外の何ものでもないだろう。また逆に，現在の社会がそこそこうまくいっていると考える一方で子どもは問題であると憂えることも不可解な議論というほかはない。子どもが問題であるなら社会もまた問題であり，社会がそこそこうまくいっているのであれば，子どももそれほど問題ではないと考えるのが霊魂的地平の含みである。

　もうひとつの問題は霊魂が衰弱している場合。この場合は霊魂を子どものなかに浸透させる社会的仕組みが衰弱している可能性が大きい。霊魂の衰弱に関して，デュルケム（1964, 1975）なら宗教的儀礼が集合的な一体感を体感させ，個人を高揚させ，活力を生み出すことにつながるはずだというだろうし，また有無を言わせぬ（すなわち社会的存在であるための根源的な出発点としての）規律の体験が社会を体感させるためには不可欠であるというだろう。社会性を引受けることは個人にとっては苦痛な体験であり，自発性に任せておけば実現するようなことでは決してない。われわれは生まれながらの欲求を断念することによってしか社会的ではありえないし，また同時に自分自身の理性による理解をあきらめることによってしか生命を感じることはできない。デュルケムは言う。「われわれ自身とのこの不一致，この永遠の分離こそが，同時にわれわれの偉大さと惨めさをもたらすのである。惨めさというのは，われわれはこのように苦痛の中に生活するよう運命づけられているからであり，偉大さというのは，そのことによって，われわれはあらゆる存在のなかできわだっているか

らである」(デュルケム,1983,p.256)。

*

　われわれが「子ども問題」として考えなければいけないのは，子どもの社会性獲得に関して，現代の教育はこの惨めさを避けようとして，同時に偉大さも失ってきたのではないかということだろう。教育に関心をもつ有識者がよりよい教育を議論するために集まった「教育改革国民会議」ですら，この点をテーマに議論する足場を持ち合わせていないのがわが国の現状である。こうした現状にあって，より深い地平へ移行するための手がかりとなるのが霊魂なのではないかと考えて，種々考察をしてきたのであるが，そこからわかるのは教育を社会のありかたと切り離して議論の対象とする考え方は，それがどんな装飾を身にまとっていたとしても，しょせんは絵空事にすぎないということである。絵空事であることを承知のうえで，なお旧来の発想から離れることができないのなら，いっそのこと霊魂をどうしたら落ち着かせることができるだろうか，こんな議論を冗談ではなく，まじめに取り組んでみたらどうだろうか。それはやはり荒唐無稽なことだろうか。しかし，もしそのような議論がまじめにできるときが実際に来るのであれば，そのときは子どもと教育をめぐる議論もこれまでにない深みを獲得しているものと思いたい。

考えてみよう

① 子どもによる数少ない重大事件報道を見て，私たちはどうして「すべての子どもたち」がおかしくなっていると考えるようになるのだろうか。

② 人間を理解できるはずの存在と考えるか，そもそも理解できない存在と考えるか，それによって他者との関係がどのように変わるか話し合ってみるのもおもしろいかもしれない。

【参考文献】

河上亮一，2000，『教育改革国民会議で何が論じられたか』草思社.
教育改革国民会議の第1部会第2回の報告レポート全文のURL:

http://www.kantei.go.jp/jp/kyouiku/1bunkakai/dai2/1s_iken.pdf
教育改革国民会議の第1部会第2回の議事録のURL:
　　　http://www.kantei.go.jp/jp/kyouiku/1bunkakai/dai2/1-2gijiroku.html
デュルケム，E., 1964,『道徳教育論1・2』（麻生誠・山村健訳）明治図書（原著，1925）.
デュルケム，E., 1975,『宗教生活の原初形態（上・下）』（古野清人訳）岩波文庫（原著，1912）.
デュルケーム，E., 1983,「人間性の二元性とその社会的条件」（原著，1914），デュルケーム，E., 1983『デュルケーム宗教社会学論集』（小関藤一郎編訳）行路社所収.
デュルケーム，E.=フォンタナ，P., 1983,「宗教生活の起源についての講義」（原著，1907），同上書所収.
山折哲雄，1997,「人間という存在を畏怖する気持ちの大切さ」『児童心理　別冊』No.687.

索　引

あ　行

アイデンティティ　14,145,160
新しい学力観　23,28,29
アリエス,P.　125
荒れ　38-41,43,46,47
いじめ　5,20,38,39,45,51-63,80
居場所　37,118
インターネット　160
裏校則　9
エスノグラフィー　94,95,98,100,106
エスノメソドロジー　95-97
エリクソン,E.H.　145
男（の子）らしさ　125,126,128,131,132
女（の子）らしさ　125,126,128,131,134

か　行

カウンセラー　104,105
餓鬼大将　115
格差　10,27,28,30,148
学習指導要領　18-21,24
　　　学習指導要領改訂　154,155
　　　新学習指導要領　91
学力格差　26,27,30
学力低下　24,28,29,109
学力論争　18,19,29
学歴社会　79
ガーフィンケル,H.　96
カリキュラム　129,132,135
学級崩壊　6,7,20,32,41,46,48
学校化社会　75
学校週5日制　18,27,91
学校文化　148
学校崩壊　2,32,33,41,43,49
苅谷剛彦　25
凶悪化　75,76
凶悪犯罪　71,72
教育改革国民会議　167

教育環境　87,88
教育基本法　129,163
刑法犯　3
校内暴力　32-33,35-39,41,45,80
心の闇　3,73
個人化　121,122
子ども集団　108
コミュニティ　82-85,90

さ　行

サブカルチャー　137,145-147,149,159
ジェンダー規範　123,124,126-130,132,133-135
集団主義　121
塾　26,27
少年犯罪　20,65-67,69,70,71,75,76
少年法　74,77
情報　152
情報化　151
情報教育　153
情報リテラシー　158
ストレス　41,44,46,62,63
生徒集団　102
生徒文化　9,15
青年文化　148
千石保　3
ソクラテス　155

た　行

対教師暴力　33,34,37,40,45
谷崎潤一郎　109
地域の教育力　83
デュルケーム,E.　169
都市問題　86
トーテム　170-172
トラッキング（水路づけ）　132,136

な 行

ネットいじめ　56,62

は 行

非行　27,65-67,76
非行少年　35,36,45,69
PISAショック　24
PTA　46,82
深谷昌志　7
不登校　20,39,45,143
bullying　54,59,61,64
旧い学力観　23,29
ベッカー, H.　95

ま 行

マッキーバー, R.M.　83
マンガ　137
万引き　3,164
メディア　5,127,156,161,165
森田洋司　53
モンスター・ペアレント　46

や 行

山折哲雄　166
ゆとり教育　4,12,19,23,109

ら 行

ラベリング理論　95
リテラシー　158,161
冷却（クーリング・アウト）　132,135
霊魂　168,169,172,173,176

シリーズ監修

住田正樹・武内　清・永井聖二

第 5 巻編者

武内　清（たけうち　きよし）

1944年　千葉県生まれ
東京大学大学院教育学研究科博士課程中退
東京大学教育学部助手，武蔵大学社会学科専任講師，同助教授，同教授を経て
1988年より上智大学教育学科教授，現在に至る
専　攻：教育社会学
【主要著書・論文】
『キャンパスライフの今』（編著）玉川大学出版部
『大学とキャンパスライフ』（編著）上智大学出版
「生徒文化の社会学」『学校文化の社会学』福村出版
「ホームスクーリングから見た地域社会学校」『新・地域社会学校論』ぎょうせい
「アメリカの教育事情」『上智大学教育学論集』30号

［子ども社会シリーズ 5］
子どもの「問題」行動

2010年 3 月30日　第 1 版第 1 刷発行

編　者　武内　清

発行者　田中　千津子　〒153-0064　東京都目黒区下目黒3-6-1
　　　　　　　　　　　電話　03（3715）1501（代）
発行所　株式会社 学文社　FAX　03（3715）2012
　　　　　　　　　　　http://www.gakubunsha.com

©TAKEUCHI, Kiyoshi 2010　　　　　　　　　印刷　新灯印刷㈱
乱丁・落丁の場合は本社でお取替えします。
定価は売上カード，カバーに表示。

ISBN 978-4-7620-2021-6